Im Westen nichts Neues

Die erschreckenden Parallelen zwischen Film, Buch und dem Krieg in der Ukraine

WIR! WOLLEN! FRIEDEN!

JETZT!

Tanja Schürmann

IMPRESSUM

IM WESTEN NICHTS NEUES - Die erschreckenden Parallelen zwischen Film, Buch und dem Krieg in der Ukraine - WIR! WOLLEN! FRIEDEN! - JETZT!

Bibliografische Information der Deutschen Nationalbibliothek: Die Deutsche Nationalbibliothek verzeichnet diese Publikation in der Deutschen Nationalbibliographie; detaillierte bibliografische Daten sind im Internet über dnb.dnb.de abrufbar.

Originalauflage

Verlag: Resonanz Buchverlag (RBV) - Iserbrooker Weg 13 - 22589 Hamburg
Herstellung: BoD – Books on Demand, Norderstedt

ISBN 978-3-949859-15-1

Design und Layout: *atelier conception*, Hamburg
mit Canva Pro Media Stock, Canva Pty Ltd.

Gender-Hinweis
Aus Gründen der besseren Lesbarkeit wird auf die gleichzeitige Verwendung der Sprachformen männlich, weiblich und divers (m/w/d) verzichtet. Sämtliche Personenbezeichnungen gelten gleichermaßen für alle Geschlechter.

WIDMUNG

Im Gedanken an die Toten aller Kriege
und als Mahnung für die Lebenden

INHALTSVERZEICHNIS

EINLEITUNG

Im Westen nichts Neues: Ein deutscher Film räumt die Oscars ab

Bei der diesjährigen Oscar Verleihung gab es eine riesengroße Überraschung, mit der bis vor kurzem niemand gerechnet hätte. Die deutschsprachige Netflix-Produktion unter der Regie von Edward Berger war für insgesamt neun Auszeichnungen nominiert und gewann am Ende vier Oscars: Den Preis für den besten internationalen Film, für die beste Kamera, die beste Filmmusik und das beste Szenenbild. Damit erreichte das Filmteam den bis dato größten Erfolg eines deutschen Filmes bei den Oscars. Das filmische Kunstwerk ging insgesamt als zweiterfolgreichster Film aus der 95. Oscar-Verleihung hervor.

Mit der Verleihung des Preises für den besten internationalen Film konnte insgeheim noch gerechnet werden, aber dass sogar die Kameraführung, das Szenenbild sowie die Filmmusik ebenfalls dominierten, das ist wirklich Weltspitze. Immerhin handelt es sich hierbei um weitere Königsdisziplinen des internationalen Films. Die Beteiligten um das Filmteam des Regisseurs Berger stehen ab sofort im Rampenlicht und befinden sich auf Augenhöhe mit den Top Leuten aus Hollywood. Sie haben ohne jede Frage Filmgeschichte geschrieben. Nicht nur für Deutschland, sondern weltweit.

Die deutsche Filmkritik und die deutsche Presse haben in erstaunlicher Weise abwertend auf den Film und auf seinen Erfolg reagiert. Zunächst einmal konnte man in den Nachrichten und in den Zeitungen bislang nur wenig Widerhall vernehmen. Das ist ziemlich erstaunlich, denn dieser internationale Sieg auf der künstlerischen Bühne ist in etwa gleichzusetzen mit dem Sieg einer Fußballweltmeisterschaft oder einem vergleichbaren anderen Spitzenerfolg. Es muss deshalb als sehr auffällig anmuten, dass es kaum ein überragendes Echo in der deutschen Presse gab (von wenigen Ausnahmen einmal abgesehen), sondern dass entweder überhaupt nicht berichtet wurde oder aber, dass der Film in ein schlechtes Licht gezogen wurde.

Schon einmal in der deutschen Vergangenheit kam es dazu, dass das Buch von Erich Maria Remarque öffentlich verbrannt wurde und der Film Haus dem Jahre 1930 verboten war. Wir blicken hierbei auf die düstere Vergangenheit unter der Herrschaft der Nazis. Auch in diesem Kontext macht es stutzig, dass nicht ein deutschlandweiter Aufschrei der Begeisterung durchs Land geht, dass dieses Thema nun in Form einer neuen (deutschen) Inszenierung weltweit in aller Munde ist. Kurz zusammengefasst kann man also sagen: Das Ausland tobt vor Begeisterung, in Deutschland betretenes Schweigen.

Es drängt sich unweigerlich die Schlussfolgerung auf, dass es insbesondere in der Deutschen Medien-Berichterstattung aber auch in der deutschen Politik im Moment einfach nicht zum Zeitgeist passen will, dass ausgerechnet ein deutsches Filmteam dieses schwierige Thema in einer Art und Weise auf die Leinwand gebracht hat, dass man sich dem Schrecken des Krieges gar nicht mehr entziehen kann. Wird uns doch seit Monaten medial eingetrichtert, wie notwendig es doch wäre, dass wir alles in unserer Kraft Stehende zu tun hätten, um unseren Beitrag zum aktuellen Krieg in der Ukraine zu leisten.

Hervorstechend wären hier zum einen die Sanktionen gegen Russland zu nennen, welche die Bürgerinnen und Bürger Deutschlands dadurch zu spüren bekommen haben, dass die Preise in den Läden enorm gestiegen sind und dass unser Land auf eine Energieknappheit hinsteuert. Zum anderen sind es die horrenden Waffenlieferungen und die Geldlieferungen, mit denen sich Deutschland ganz offiziell beteiligt.

Die deutsche Politik ist derzeit ohne größere Widerstände dazu bereit, sich vollumfänglich zu beteiligen. Es kann also gut möglich sein, dass ein solcher Film wie der vorliegende zu dieser Ausrichtung überhaupt nicht passen mag. Er könnte vor allen Dingen deshalb als störend, zeitlich unpassend und sogar als Dorn im Auge wahrgenommen werden.

Überraschenderweise ist es aber so, dass die Filmcrew überhaupt nicht vorhatte, ein politisches Statement abzugeben. Denn als der Film in Planung und in Produktion war, war die aktuelle Zuspitzung des realen Kriegsszenarios überhaupt nicht absehbar. Erst jetzt, quasi zeitgleich mit der Verleihung der Oscarpreise, fällt es jedem Menschen wie Schuppen von den Augen, dass Film und Buchthema immense Parallelen zur Realität aufweisen.

Das war bei der Produktion des Films wie gesagt überhaupt nicht beabsichtigt und es handelt sich hier anscheinend wirklich um einen sagenhaften Zufall. Man könnte denken, dass der Film zu keinem passenderen Zeitpunkt hätte veröffentlicht werden können als eben jetzt. Ohne Zweifel hat die aktuelle Situation ganz viel mit dem Publikumserfolg auf der Streaming Plattform Netflix zu tun und schlussendlich auch den Oscarregen erst möglich werden lassen.

Ob die Oscar-Jury sich in irgendeiner Art und Weise von dem Gedanken hat tragen lassen, dass ein solch wuchtiger Antikriegsfilm aus Gründen des Pazifismus in den Mittelpunkt gerückt werden müsste, bleibt bisher ihr Geheimnis. Doch man könnte es schon vermuten, dass solche oder ähnliche Gedankengänge hier eine Rolle gespielt haben. Schließlich könnte dann mithilfe des Kunstwerkes zum passenden Moment doch noch ein politisches Statement abgegeben werden, welches dazu geneigt sein könnte, den Friedenswillen aller Menschen weltweit und insbesondere im aktuellen Kriegsgebiet zu stärken und zu festigen.

Vielleicht werden wir es irgendwann einmal erfahren, welche Motivationen hier bei den Hollywoodleuten eine Rolle gespielt haben könnten. Wie dem auch sei: War das zeitliche Zusammentreffen zwischen Film und Realität überhaupt nicht Teil des Plans, so scheint eine Fügung dafür verantwortlich zu sein, dass es dennoch dazu kam.

Künstlerisch betrachtet sind sowohl der Publikumserfolg als auch der Erfolg bei der diesjährigen Oscar Verleihung absolut zutreffend und richtig. Hieran gibt es schon nach kurzer Betrachtung nichts zu kritisieren. Es handelt sich ohne Wenn und Aber um einen Ausnahmefilm, der ganz sicher noch in Jahrzehnten in einem Atemzug mit den größten Antikriegsfilmen der Geschichte genannt werden wird.

Ebenso ist das literarische Werk ein Ausnahmekunstwerk, welches den Begriff des sogenannten Bestsellers erstmals prägte. Die Menschen haben schon immer ein sehr hohes Interesse an dieser Thematik gehabt und das zu Recht. Allzu oft wird uns durch die Medien und durch die Politik, aber auch durch den allgemeinen Zeitgeist vorgegaukelt, dass Kriege ihre Berechtigung haben. Allzu leichtfertig werden Millionen von Toten regelmäßig in Kauf genommen. Umso wichtiger sind deshalb die Stimmen, die darauf verweisen, dass Menschen eigentlich und idealerweise in Frieden und gewaltlos miteinander leben und auskommen sollten. Nicht der Krieg ist das Ideal, sondern der Frieden. Das wird auch in unseren Tagen nur allzu oft wieder übersehen. Und das ist gefährlich.

Auch wenn es nicht die ursprüngliche Intention des Filmes war, auf die gegenwärtige Situation hinzuweisen, so wird es ursprünglich die Absicht des Buchautors Erich Maria Remarque gewesen sein, eben ein solches zeitloses Manifest zu schaffen, das den Frieden und nicht den Krieg als Vorbild hat. Die Botschaft aus beiden Werken ist glasklar formuliert: In den allermeisten Fällen kennen Kriege nur Verlierer und keine Gewinner. Und das gilt umso mehr dafür, je länger die Kriege dauern.

Umso länger ein Krieg dauert, desto mehr Verlierer werden am Ende produziert. Die Reparatur solcher

Kollateralschäden dauert dann meist viele Jahrzehnte und kann eine Nation sogar über hunderte von Jahren prägen und deren Weiterentwicklung äußerst negativ beeinflussen.

Ich möchte zusammen mit weiteren renommierten Stimmen aus Politik, Medien und Gesellschaft in diesem Buch nachspüren, was die erschreckenden Parallelen zwischen dem aktuellen Film von Edward Berger, den Buchbestseller von Erich Maria Remarque und dem Krieg in der Ukraine sein könnten. Viele schlaue Köpfe werden hierbei zu Wort kommen und ihre Sicht der Dinge darlegen. Auch wenn dieses Buch keine endgültigen Lösungsansätze liefern kann, so ist es dennoch so angelegt, dass es den Willen und den Mut der Menschen fördern wird, nach Auswegen aus der Endlosspirale von Tod und Vernichtung zu suchen.

Meine Hoffnung ist es deshalb, dass wir schon bald die Nachricht vernehmen werden, dass es etwas Neues gibt *im Westen und auch im Osten*: Waffenstillstand! Friedensverhandlungen! Frieden! - Ich bin mir sehr sicher, dass es das ist, was alle Menschen sich tief in ihrem Herzen wünschen und was sie in Wirklichkeit vereint.

1. Kapitel: Warum die Neuverfilmung so wertvoll ist

Wie bereits in der Einleitung angesprochen wurde, ist der Film im Ausland als Meisterwerk gefeiert worden und wird gleichzeitig hier bei uns im Inland über die Maßen kritisch bewertet. Dass dies vermutlich damit zusammenhängt, dass das Kunstwerk nicht zum neuen deutschen Zeitgeist passen möchte, wurde ebenfalls herausgestellt. Bei der Bewertung eines Kunstwerkes, also auch eines Filmes, spielt aber in erster Linie die künstlerische Leistung eine Rolle. Schließlich will auch dieser Film gemäß Aussage seine Autoren überhaupt keine politischen Aussagen treffen, sondern möchte so gut als möglich die kriegerische Realität des Ersten Weltkriegs in Szene setzen.

Unter anderem diese Qualität war es auch, welche Hollywood bei der Oscar Verleihung letztlich überzeugt hat und hier bei uns zu Hause bisweilen vollständig übersehen wird. Es sind insbesondere die vielen Details, die eine erdrückende Realitätsnähe erzeugen, so dass der Film alles bisher Dagewesene in den Schatten zu stellen vermag. Ich möchte deshalb zu Beginn vor allen Dingen auf diese filmischen Details zu sprechen kommen, wie der Film geplant wurde und entstanden ist und wie die enorme Realitätsnähe erzeugt werden konnte. Dass die Zuschauerinnen und Zuschauer förmlich in den Film hinein gesogen werden und Teil des schauderlichen Treibens werden, ist kein Zufall, sondern der künstlerischen Leistung des beteiligten Teams geschuldet.

So hat sich das Team rund um die Szenenbildner Ernestine Hipper and Christian M. Goldbeck enorm ins Zeug gelegt. Die Anlage der Schützengräben wurde akribisch von Anfang an am Reißbrett geplant und vorbereitet. Es wurden umfangreiche Skizzen angelegt, um die exakten Ausmaße und die Bauweise vorher festzulegen. Die Schützengräben-Aufnahmen wurden in Tschechien gedreht. Es musste dabei von Anfang an bedacht werden, dass die gesamte Anlage kameratauglich sein muss. Einerseits war das Schützengraben-Gelände also von tiefen Furchen durchsetzt, mit Stacheldrahtsperren zugepflastert, es sollten überall Explosionen stattfinden, das Gelände sollte ganz realistisch matschig und nass sein und die Schützengräben eng und unbehaglich wirken. Eben extrem realitätsnah.

Andererseits musste von Anfang an bedacht werden, dass das schwere Kameragerät die Szenen ja auch einfangen können muss, insbesondere deshalb, weil zu einem Großteil mit sogenannten *Onetakes* gearbeitet wurde. Das sind sehr lange andauernde Kamerafahrten ohne Schnitt.

Insgesamt entstanden in der Realität zweihundert Meter an Schützengräben, in denen gedreht wurde. Das gesamte Gelände war etwa zehn Fußballfelder groß. Die Filmschauspieler mussten vor dem Filmdreh ein ausgeklügeltes Bootcamp durchlaufen. Dabei lernten sie militärisches Hinlegen und Aufstehen, Bedienung der Waffen und soldatisches Verhalten. Nicht durch Zufall wirken gerade die Soldaten im Film absolut authentisch und sind in ihrer Optik und ihrem Verhalten kaum noch von den echten Soldaten zu unterscheiden, die im Ersten Weltkrieg gekämpft haben. Alles wirkt so echt wie nur irgend möglich.

Die Schauspieler mussten mit den Waffen umgehen können, als hätten sie jahrelang nichts anderes gemacht als damit zu trainieren und zu kämpfen. Sie mussten diese *aus dem Effeff* beherrschen. Für die Durchführung dieses Bootcamps war ein eigenes Stunt-Koordinationsteam verantwortlich. Die Waffen waren selbstverständlich funktionsfähig und schossen mit richtiger Munition. Es handelte sich hierbei um Munition ohne Geschossköpfe, so wie sie auch von den Armeen dieser Welt bei deren Trainings verschossen wird, um Soldaten an das Gefühl mit der Waffe zu gewöhnen.

Dabei war der gesamte Filmdreh auch nicht ganz ungefährlich, denn unter widrigen Bedingungen musste gerannt, in Schützengräben gesprungen und realen Explosionen ausgewichen werden. Holzpfähle, Stacheldraht und Hindernisse waren echt und schon kleine Unachtsamkeiten hätten beim Dreh tatsächlich zu erheblichen Verletzungen führen können. Letztendlich dient ein solcher Aufwand dazu, dass der Zuschauer zu Hause oder im Kino das Gefühl erhält: Genau so muss es sich zugetragen haben, echter geht es nicht. Das ist gelungen!

Was die Zuschauer allerdings nur ahnen können, ist die Tatsache, dass die Schauspieler-Soldaten ständig etwa fünfzehn Kilogramm an Ausrüstung an ihrem Körper getragen haben. Allein die Gewehre wogen etwa acht Kilogramm. Somit fühlte es sich auch für die Crew schon nach kurzer Zeit alles sehr echt an und man vergaß selbst schon fast, dass es sich um einen Filmdreh handelte. Auch diese Tatsache kann man den Schauspielern mitunter ansehen, die anders als in anderen vergleichbaren Antikriegsfilmen, in keiner der heftigen Szenen entspannt, ausgeruht oder gepflegt wirken. Sie sehen teilweise richtig fertig aus und das hat sicherlich auch damit zu tun, dass sie tatsächlich mit der schweren Ausrüstung fast hüfttief stundenlang in kaltem Wasser standen oder kilometerlang durch Matsch rennen mussten.

Film-Dummies und Film-Prothesen rundeten das Filmset ab. Man konnte schlecht Schauspieler stundenlang im Regen liegen lassen und deshalb wurde hier auf Silikonpuppen zurückgegriffen, die filigran vorbereitet und im Gelände drapiert wurden.

In einigen *sagenhaften* Kommentaren wird behauptet, der Film halte sich nicht an seine literarische Vorlage. Dazu kann eigentlich nur entgegnet werden, dass das von Anfang an nicht die Absicht des Drehbuchautors und Regisseurs war. Das Buch von Remarque diente für die Erstellung des Drehbuchs lediglich als Anhalt und die Adaption erfolgte eher losgelöst, aber auf diesem Werk basierend. Nur so war es möglich, dem ganzen Thema völlig neue Facetten abzugewinnen.

Man hört diese Stimmen ja immer wieder, sobald ein Buch verfilmt wird. Dem sei aber entgegnet, dass ein Film niemals dazu geeignet sein kann, ein Buch Eins-zu-eins zu verfilmen. Die beiden Medien Film und Buch arbeiten einfach zu unterschiedlich. Und so ist es auch letztendlich der künstlerischen Freiheit geschuldet, das vormalige literarische Kunstwerk abzuwandeln oder neu zu interpretieren, um den Film letztendlich sehenswert und attraktiv zu machen. Anders ausgedrückt: Kein Zuschauer möchte im Kino genau das sehen, was er erwartet hat. Er möchte überrascht werden. Er möchte emotional erfasst werden. Er möchte vom Rausch der Bilder ergriffen werden. Dies ist dem Regisseur ganz sicher gelungen.

Der Film fängt für sein Genre bereits sehr überraschend und unerwartet an. Zu Beginn wird die Idylle der Natur präsentiert und danach hart übergeblendet zu der Grausamkeit des Krieges. In einer sehr langen Gefechts-Szene wird der Zuschauer direkt in die Schlacht hineingeworfen, aus der es für die beteiligten Soldaten kein Entkommen zu geben scheint. Es wirkt so, als handelt es sich bei den Beteiligten lediglich um Kanonenfutter, im wahrsten Sinne des Wortes.

Man kann auch gut erkennen, dass es keine Berufssoldaten sind, die gegeneinander kämpfen, sondern kaum dem Kindesalter entwachsene Jünglinge, die mit der Situation vollkommen überfordert sind. Als der junge Soldat mit einem Klappspaten auf den Franzosen einschlägt, erscheint der Titel: *Im Westen nichts Neues.* Soll uns das bereits zu denken geben? Weil auf diese barbarische Weise schon in vielen Schlachten gekämpft und gelitten wurde, ohne dass dabei irgendetwas brauchbar Neues entstanden wäre? Weil sich alles über die Jahrzehnte und Jahrhunderte wiederholt und wiederholt?

In Wahrheit handelt es sich bei dem Ausspruch *Im Westen nichts Neues* um ein geflügeltes Wort aus eben dieser Zeit in der Film und Buch spielen. Soldaten und Bevölkerung wurde irgendwann klar, dass es keine Neuerung im Frontverlauf geben würde und dass immer nur wenige hundert Meter Geländegewinne erzielt werden konnten, um sie am nächsten Tag oder kurze Zeit später bereits wieder an den Gegner zu verlieren. Die Lage änderte sich nicht. Sie blieb im Großen und Ganzen über Monate und Jahre gleich. Kommt uns das vielleicht schon irgendwie bekannt vor? Wer hätte jemals gedacht, dass sich ein solcher Stellungs- und Abnutzungskrieg tatsächlich noch einmal wiederholen könnte?

Und ebenfalls in den ersten Minuten der neuen Verfilmung des Regisseurs Berger wird der Finger tief in die Wunde gelegt. Denn diese Verschleißmaschinerie namens Westfront benötigt immer neuen Nachschub an Material, an Ausrüstung, an Munition und eben an Menschen, die in die Schützengräben des Ersten Weltkriegs geworfen werden, ohne Chance auf Heimkehr. Zerschossene Uniformen werden recycelt und den neuen Rekruten erneut verpasst. Ohne, dass diese das wissen. Dadurch signalisiert der Film auch, wie wenig Wertschätzung dem Faktor Mensch hier entgegengebracht wurde.

Junge Soldaten wurden lediglich als Ressource betrachtet, die man verbrauchen konnte. Aufgepeitscht durch Kriegstreiber marschierten sie mit einem lauten *Hurra* in die Schlacht, ohne zu wissen, was sie dort erwarten wird. Anders als heute gab es damals kein Internet, kein Fernsehen und kein Radio und woher hätten die jungen Männer wissen sollen, wie die Lage wirklich aussieht. Einmal in der Schlacht angekommen, gab es aber kein Zurück mehr. Viele erkannten in dieser Situation, dass es ganz anders war, als sie gedacht hatten. Aber zu diesem Zeitpunkt war es dann schon zu spät, um an Aussteigen zu denken. Befehl war Befehl.

Kommt uns auch dies nicht irgendwie bekannt vor? Ist das nicht heute schon wieder ganz ähnlich, dass die junge Generation das ausführen muss, was eine alteingesessene Führungsriege entschieden hat, die selbst nicht an vorderster Front kämpft, sondern die strategischen Entscheidungen im Generalstab oder vom Schreibtisch aus trifft?

„*Es geht niemals um den Einzelnen, sondern immer um das große Ganze*“ so wird den Soldaten, die zu diesem Zeitpunkt noch nicht einmal volljährig waren, von ihrem ergrauten Schulleiter erklärt. Er peitscht sie förmlich auf und das ist auch hier wieder sinnbildlich in Szene gesetzt, dass es diese ältere Generation war, die andere nach vorne schickte und selber zu Hause blieb. Die Kriegstreiber und Kriegs-Organisatoren sind so gut wie nie an vorderster Front anzutreffen. Auch das ist doch immer wieder sehr auffällig und entlarvt die Lüge, die hinter Kriegen sehr oft lauert.

Die Kriegsmaschinerie braucht in der Tat junge und weitestgehend unerfahrene Menschen, die nahezu in willfähriger Weise das ausführen, was ihnen vertraute Autoritäten abverlangen. Selbstverständlich hören die Schüler in der Szene auf ihren Schulleiter. Sie waren ihm die ganzen Jahre auch innerhalb des Schulalltags hörig. Warum sollte dieser Mann sie nun also in die Irre führen?

Das Fatale daran ist aber, dass durch ein solches Verfahren regelmäßig das Beste an der Gesellschaft wegbricht, was sie hervorgebracht hat: die jungen Menschen und damit die nachwachsende Generation. Jeder im Ersten Weltkrieg gefallene junge Soldat hätte ein neuer Einstein, ein neuer Mozart oder ein neuer Da Vinci werden können. Jeder gefallene junge Mensch hätte aber auch ein guter Familienvater und ein vorbildlicher und sozialer Bürger werden können. Es sind doch insbesondere die jungen, gesunden, topfitten, aber auch geistig im Saft stehenden jungen Menschen im zarten Alter von neunzehn, zwanzig oder einundzwanzig Jahren, die zu Hunderttausenden, wenn nicht gar zu Millionen in den Kriegen geopfert wurden und werden.

Diese Verluste wirken sich nicht nur zahlenmäßig aus. Selbstverständlich ist jedes Opfer eines zu viel. Aber dieser Verlust wirkt doppelt und dreifach schwer, denn wenn die nachfolgende Generation dezimiert wird, dann ist doch logisch nachvollziehbar, dass die gesamte Gesellschaft über Jahrzehnte, wenn nicht sogar über Jahrhunderte ein großes Problem entwickeln wird. Diese Lücke im Gesamtorganismus einer Gesellschaft ist nicht ohne weiteres zu schließen. Ist das nicht heute auch wieder so, wenn wir mal eben von ein paar hunderttausend toten Soldaten sprechen, die im Ukrainekrieg bereits gefallen sind?

Es handelt sich hierbei nicht nur um Zahlen, es handelt sich vermutlich um die Besten der Besten, die ab sofort in den Reihen der Völker fehlen und die unersetzbar und unwiederbringlich verloren gegangen sind. Menschen, die vor ein paar Jahren noch brav zur Schule gegangen sind, denen ihre Eltern Butterbrote eingepackt haben und denen man die Hausaufgaben kontrolliert hat und ihnen täglich mitgegeben hatte, sie sollen sich artig in der Schule verhalten. Nun werden sie in die Schlacht geworfen, als sei es das Normalste der Welt. Aber das ist es nicht.

So wie der Film beginnt, spielt es sich derzeit aktuell abermals ab. Und zwar auf beiden Seiten der beteiligten Parteien. Das Durchschnittsalter der gefallenen deutschen und britischen Soldaten im Ersten Weltkrieg war neunzehn bis vierundzwanzig Jahre. Ohne Übertreibung kann man also davon reden, dass die Obrigkeit, welche diesen Krieg angezettelt hat, nicht selber den Kopf hingehalten hat, sondern förmlich Kinder in die Schlacht geworfen hat. Aber diese Tatsache wiederholt sich immer und immer wieder. Die Berufsheere von altgedienten Soldaten sind in einem länger anhaltenden Krieg so schnell aufgebraucht, dass es einfach den Nachschub an jungen vitalen Männern, gegebenenfalls auch Frauen, braucht. Im Vietnamkrieg war das Durchschnittsalter der gefallenen amerikanischen Soldaten dreiundzwanzig Jahre.

Es wird gemutmaßt, dass die Lebenserwartung an vorderster Front im Ukraine Krieg derzeit vier Stunden beträgt. Wieso fällt es der Allgemeinheit so schwer zu erkennen, dass sich seit den Erfahrungen des Ersten Weltkriegs anscheinend nichts in dieser Hinsicht geändert hat? Nun, wahrscheinlich hängt es auch damit zusammen, dass die Berichterstattung in den Medien erheblich hinkt.

So wie wir die grausame Realität nun im oscarprämierten Film kennengelernt haben, wird in den Medien überhaupt nicht berichtet. Es werden selten Bilder von Toten gezeigt, es werden kaum Bilder von Verwundeten gezeigt, es werden keine Bilder von Lazaretten oder von Verwundetentransporten gezeigt und es kommt so gut wie kein Soldat zu Wort, der unter den Grausamkeiten des Krieges gelitten hatte oder hierzu kritische Anmerkung machen will. Der aktuelle Krieg wirkt demnach wie eine Art gewaltiges

Schachspiel, bei dem Figuren hin und her geschoben werden und regelmäßig aus dem Spiel entnommen werden. Doch hinter den Zahlen verbergen sich Schicksale von Menschen. Ebenso wie es im Ersten Weltkrieg der Fall war, ist es auch jetzt wieder. Die Szenarien ähneln sich in erheblichem Maße.

Nun ist hierzu noch zu ergänzen, dass Berufssoldaten selbstverständlich auf die harte Kriegsrealität vorbereitet werden und aufgrund von Ausbildungen und Trainings ziemlich genau wissen, was auf sie zukommt. Selbst wenn sie in der Realität noch nicht gekämpft haben, so sind sie durch den jahrelangen Dienst in der Armee aber enorm gefestigt worden. Anders sieht es hingegen bei den eben rekrutierten Soldaten aus, die quasi in einer Hauruck-Aktion gedrillt und ausstaffiert werden, um dann ihren Dienst zu leisten. Die Wenigsten werden mental und physisch in der Lage sein, den enormen Herausforderungen standhalten zu können. Dieser Fakt wird im Film hervorragend dargestellt, denn wer sein ganzes Leben lang bisher sorgenlos im Elternhaus leben konnte und außer Schule und Freizeit nichts kennengelernt hatte, der wird wohl kaum vom einen auf den anderen Tag die grausame Kriegsrealität ertragen können.

Ebensolches wird aber auch heute wieder jungen Menschen zugemutet, die sich ursprünglich für ihr Leben ganz andere Ziele gesetzt hatten: Sie wollten

Künstler, Koch, Erfinder, Ingenieur, IT-Experte oder Journalist werden. Auf welche Weise man effektiv Menschen tötet, darüber haben sich nur die wenigsten Gedanken gemacht oder sich darauf vorbereitet. Niemand hatte das bisher von ihnen ernsthaft verlangt.

Zurück zum Film: Hier kommt es schon kurz nach Ankunft an der Front zu einem massiven Artillerieangriff, der den befestigten Schützengraben, in dem sich die Protagonisten befinden, ordentlich zerlegt. Niemand hat eine Chance, diesem Stahlgewitter zu entkommen. Manche haben Glück und überleben unversehrt, andere entgegen werden durch Splitter und umherfliegt Teile tödlich verletzt oder schwer verwundet.

Auch in diesen Tagen hören wir von schweren Artilleriegefechten. Was in der Tagesschau so banal klingt, wird sich in der Realität auch heute exakt so abspielen, wie es im Film von Edward Berger gezeigt wird. An diesen Realitäten hat sich nichts, aber auch wirklich nichts geändert und wir dürfen keine romantische Vorstellung hegen, dass es heutzutage irgendwie anders wäre. Da werden Gliedmaßen abgetrennt und Menschen verbluten langsam, bei der Absicht, sich noch aus der Gefahrenzone bringen zu wollen.

Wer glaubt, dass Sanitäter und Ärzte in unmittelbarer Nähe wären, der irrt gewaltig. Für die meisten

Leicht-, Mittel- oder Schwerverwundeten gibt es zunächst mal nur Selbst- und Kameradenhilfe. Nur wer außerordentliches Glück hat, bekommt zeitnah sanitätsdienstliche oder ärztliche Hilfe.

Wodurch sich die jungen Menschen dennoch in schwerster Zeit unterstützen können, das nennt sich Kameradschaft. Auch diese wird im Film auf hervorragend realistische Weise dargestellt, was dem ein oder anderen Zuschauer möglicherweise entgehen könnte, was aber in der Realität eine tragende Rolle für den Zusammenhalt und für das Überleben spielt. So sind die Soldaten untereinander quasi wie eine Ersatzfamilie, in der jeder eine bestimmte Funktion hat. Man kocht zusammen, man isst zusammen, man liegt zusammen im Beobachtungsposten und schläft gemeinsam im Unterstand und man sitzt gemeinsam auf dem Donnerbalken. Und das über Monate und Jahre hinweg. Nur durch diese Art der Kameradschaft ist es Soldaten damals wie heute möglich, schwierigste Situationen zu überstehen und trotzdem weiterzumachen. Eine solche Form des Zusammenhaltes gibt es im zivilen Miteinander so gut wie nicht mehr. Aber wahrscheinlich werden Menschen in solch dramatischen Krisensituationen wie einem Krieg automatisch dazu gebracht, Kameradschaft zu entwickeln und zu pflegen, weil sie instinktiv merken, dass dies ihre Chancen zu überleben erheblich vergrößert.

In vielen seiner Interviews betont der Regisseur Edward Berger derzeit, dass sein Filmepos anders als amerikanische oder englische Produktionen nicht von einer Heldenreise handeln würde. Vielmehr gibt es in seinem Werk keine wirklichen Helden, was auf die Zuschauer zusätzlich verstörend wirkt. Das ist Absicht und war gewollt. Ähnlich wie bei Wolfgang Petersens „Das Boot“ gibt es am Ende kein Happy End. Diese Erzählweise kommt insbesondere beim ausländischen Publikum deshalb sehr gut an, weil sie ungewohnt ist. Die meisten Filme und sogar die meisten Antikriegsfilme haben eine positive Einfärbung, um das Filmpublikum bei Laune zu halten. Ganz anders ist es hier, was letztendlich auch mit einem gewissen Wagnis verbunden ist. Denn wer hätte prognostizieren können, dass das Ganze beim Filmpublikum derart gut ankommt. Getrost hätte die Öffentlichkeit den Film auch ignorieren können.

Letztlich war es sicherlich der aktuellen Kriegswirklichkeit in der Ukraine geschuldet, dass der Film gerade wegen seiner schonungslosen Offenheit und Geradlinigkeit so eine hohe Aufmerksamkeit und Wertschätzung erfahren hat. Das Konzept des Regisseurs und der gesamten Filmcrew ging also glücklicherweise voll und ganz auf und wurde am Ende sogar mit einem wahren Oscarregen belohnt.

2. Kapitel: Wie sieht ein moderner Stellungskrieg heutzutage aus? Ich interviewe einen erfahrenen Offizier

Nun werden die meisten Zuschauer des Films ganz sicherlich annehmen, dass die Zustände in den Jahren 1914 bis 1918 tatsächlich so gewesen sind, wie im Film dargestellt. Aber nur die wenigsten werden davon ausgehen, dass auch heutige Graben- und Stellungskriege in sehr ähnlicher, nahezu identischer Form geführt werden. Durch die Medien wurden wir in den letzten Jahrzehnten so informiert, dass moderne Kriegsführung vor allen Dingen durch Panzer, Kampfhubschrauber modernste Luftwaffe oder sogar aus dem Weltall heraus stattfindet. Fast niemand von uns hatte auf dem Schirm, dass die Szenarien aus dem Ersten Weltkrieg sich auch heutzutage Eins-zu-eins nochmal wiederholen könnten.

Viele von uns können sich beispielsweise an den Kosovo Krieg in Europa erinnern. Wie wir damals erfahren haben, konnte durch massive Luftüberlegenheit der verbündeten Streitkräfte auch der Bodenkrieg überraschend schnell gewonnen werden. Ein anderes Szenario bot sich in den Irakkriegen. hier war es vor allen Dingen der Kampf der verbundenen Waffen, insbesondere auch der gepanzerten Kräfte, der einen schnellen Landgewinn gewährleistete. Eine wiederum ganz andere Lage stellte sich im Afghanistan-Krieg nach dem 11. September dar. Es war das Szenario des Partisanenkriegs mit nadelstichartigen Attacken und Hinterhalten, die jederzeit und an jedem Ort stattfinden konnten. Größere Schlachten waren die Ausnahme. Vielmehr sahen sich die westlichen Streitkräfte einer Vielzahl von kleinen und kleinsten Attacken, ausgeführt von kleinen Gruppen gegenüber.

Und nun im Ukrainekrieg wiederholt sich das Szenario des Ersten Weltkriegs in Echtzeit, dass der Regisseur Edward Berger in seinem Film so überzeugend in Szene gesetzt hat.

Die Fronten haben sich seit vielen Monaten so sehr verhärtet, dass größere Geländegewinne von keiner der beiden Seiten mehr gemacht werden. Stattdessen verschiebt sich das Lagebild immer nur um wenige hundert Meter. Zeitgleich sterben jeden Tag insgesamt bis zu tausend Menschen oder sie werden verwundet. Eine Verwundung kann hier bedeuten: Arm ab, Bein ab, Gesicht weg oder Finger verloren. Wenn diese Menschen überleben, dann werden sie für den Rest ihres Lebens mit diesen Einschränkungen klarkommen müssen.

Was zu Beginn des Krieges überhaupt nicht zu erwarten war, ist die Tatsache, dass aus einem anfänglich als Blitzkrieg geplanten Szenario ein Stellungskrieg geworden ist. Die Truppen graben sich auf beiden Seiten in die Erde ein, was den Vorteil hat, dass man relativ geschützt, also gedeckt oder teilgedeckt und einigermaßen getarnt kämpfen kann oder in Deckung gehen kann.

An sich war die von Russland geplante Operation anders gedacht. Innerhalb weniger Tage oder Wochen sollten die größten Teile der Ukraine eingenommen werden, was durch eine bewegliche Gefechtsführung und Luftlande-Operationen geschehen sollte. Doch dieser Plan ging nicht auf, sodass der russische Generalstab sich dazu entschloss, den Schwerpunkt an der Ostfront neu festzulegen. Alle verfügbaren Truppenteile wurden sodann in diesen Bereich verlegt. Seitdem tobt ein erbitterter Abnutzungskrieg, denn auch die ukrainischen Truppenverbände haben sich in den Ostteil des Landes bewegt, um den Angreifer aus dieser Richtung aufzuhalten. Auf einer Länge von etwa achthundert Kilometern treffen nun beide Armeen fulminant aufeinander.

Da wir in den Medien über die genauen Details eines solchen Kriegsszenarios so gut wie nichts erfahren, habe ich mich daran gemacht, einen Experten hierzu zu interviewen, um genauere Informationen darüber zu bekommen, inwiefern Soldaten heutzutage auf einen solchen Stellungskrieg vorbereitet werden und wie diese Vorbereitung in der Realität abläuft. Mir ging es auch darum, etwas über die Kriegswirklichkeit der Gegenwart zu erfahren, also wie Soldaten im Ukrainekrieg auf beiden Seiten kämpfen und eben auch sterben. Wie stellt sich ein solches Szenario also in der Realität genau dar?

Über einen Kontakt konnte ich Verbindung zu einem ehemaligen Offizier der Armee herstellen und ihn hierzu ausführlich interviewen. Ich sprach deshalb mit „Karl“. Dies ist nicht sein richtiger Name, denn er möchte unerkannt bleiben. Er hat fünfzehn Jahre in der Armee gedient und sich dabei vom Gefreiten zum Einheitsführer hochgearbeitet, wo er für die Führung, Ausbildung und Erziehung von mehreren hundert Soldaten verantwortlich war. Er ist bestens geschult in taktischen Fragen bis auf Ebene des Bataillonskommandeurs und ist selbst Fachmann im Umgang mit Handwaffen, Panzerabwehrhandwaffen, Granaten, Panzerminen, Bordmaschinenkanonen, Sprengstoffen und so weiter.

Nach einem kurzen Kennenlernen haben wir für das Interview vereinbart uns zu duzen. Wir haben ungefähr dasselbe Alter und so war es auch für mich leichter und angenehmer, meine Fragen formulieren zu können.

Tanja: Hallo Karl! Schön, dass wir heute miteinander reden können und ich dir meine mitgebrachten Fragen stellen kann.

Karl: Ja, ich freue mich auch, dass wir heute zusammengekommen sind und ich dir ausführlich Rede und Antwort stehen kann.

Tanja: Nach Erscheinen der neusten Verfilmung von Edward Berger im Jahre 2022 ist der Stoff *Im Westen nichts Neues* weltweit wieder in aller Munde. Mit diesem Erfolg knüpft das Werk an die Interpretation aus dem Jahre 1930 des Regisseurs Lewis Milestone an, welche ebenfalls in die Filmgeschichte eingegangen war. Hast du den neuen Film bereits gesehen?

Karl: Ja, habe ich und ich war sehr beeindruckt von der Bildgewalt und der Realitätsnähe.

Tanja: Ich war anfangs erschrocken über die Direktheit der Darstellung, insbesondere was Verletzungen, zerfetzte Körper, Gewalt, Leiden und Tod angeht. Ging dir das auch so?

Karl: Um ehrlich zu sein, für einen Film mit der Altersfreigabe ab sechzehn Jahren fand ich das Teil schon ziemlich krass. Aus der Sicht eines Soldaten hingegen muss ich gestehen, dass es einfach nur real ist, was dort gezeigt wurde und keinesfalls übertrieben war. Die Filmemacher haben sich anscheinend sehr große Mühe gegeben, alles so echt wie möglich wirken zu lassen. In der Tat müssen Soldaten im Kampf den Anblick schlimmer Verletzungen und toter Kameraden ertragen können. Das ist nicht jedermanns Sache.

Tanja: Zudem ist es ja auch so, so ging es mir zumindest, dass der Film den Zuschauer gerade zum Ende hin völlig allein lässt und keine Helden zurückbleiben und auch die Filmmusik versprüht eher eine verstörende Stimmung über die gesamten zweieinhalb Stunden hinweg. Somit ist das Ganze letztlich weniger ein Filmgenuss im ursprünglichen Sinne, sondern mehr eine visuelle Anstrengung auch für den Zuschauer. Würdest du das auch so sehen?

Karl: Ja, dem kann ich im Grunde genommen voll zustimmen. Ein Unterhaltungsfilm ist das mit Sicherheit nicht, sondern ein Werk zum Nachdenken und zum Wirken lassen. Tatsächlich ist der Krieg in seiner grausamen Realität genauso trostlos. Allzu oft erleben wir es heute in den Medien, dass das Kriegsgeschehen als eine Art Abenteuerveranstaltung medial inszeniert wird. Da wird von mutigen Scharfschützen berichtet, die auf Jagd gehen und fette Beute machen. Da wird von verwegenen Hinterhalten erzählt, bei denen feindliche Kompanien ausradiert wurden. Dass dabei jeweils Menschen auf grausamste Art und Weise ums Leben kommen, wird hierbei ausgeblendet. Dieser Film zeigt nun die umgekehrte Perspektive und fokussiert sich auf das, was mit den Leuten passiert, wenn sie leiden oder wenn sie getroffen werden.

Auch ist es aus meiner Sicht so, dass die Soldaten und Truppen ja nur Schachfiguren in einem größeren Spiel sind. Auch dies wird in dem Film sehr gut herübergebracht, wenn nämlich die Generäle und die Politiker gezeigt werden, die in einem angenehmen Ambiente fern der Front die besten Speisen zu sich nehmen und dabei in aller Seelenruhe bei einer Zigarette die neuen Schlachtpläne beschließen. Da stellt sich schon die Frage, ob es sich lohnt, für solche Leute und deren Ziele zu kämpfen.

Tanja: Das klingt ja schon ziemlich kritisch. Du würdest also annehmen, dass diese graue Elite im Hintergrund die Fäden zieht und ein geringes oder gar kein Interesse hat, dass Menschenleben verschont werden oder ein Krieg schnell endet?

Karl: Das zeigt die Erfahrung vieler Kriege und Konflikte. Die Soldaten auf dem Schlachtfeld, egal welchen Rang sie bekleiden, werden zu oft sinnlos verheizt. Bei besonderen Leistungen bekommen sie

Orden verpasst, die einen nominalen Wert von ein paar Euro haben, um damit motiviert zu werden für weitere herausragende Leistungen. Ich glaube, das ist alles ein perfides Spiel, bei dem die jungen Leute weitestgehend an der Nase herumgeführt werden und die eigentlichen Handlanger ganz andere Ziele im Blick haben. Ich denke da zum Beispiel an die Rüstungslobby, die sich gerade die Hände reiben dürfte wegen der großartigen Geschäftsabschlüsse, die gemacht werden. Je länger der Krieg dauert, desto reicher werden diese Leute. Aber das ist nur so eine Vermutung, die ich mittlerweile hege. Jedenfalls hat es der Film geschafft, auch diese Perspektive mit einzufangen.

Die Politiker und Waffenhändler waren jedenfalls nicht an vorderster Front im Schützengraben und im Schlamm jemals anzutreffen. Sie haben wahrscheinlich nicht einmal dieses Szenario mit eigenen Augen gesehen, sondern lediglich davon gehört. Ich vermute, sie würden als erste schreiend davonlaufen.

Tanja: Okay. Kommen wir mal zu den Details. Wie schon vorangestellt, warst du auch viele Jahre beim Militär und in leitender Position. Ich glaube fünfzehn Jahre waren es. Ist das richtig?

Karl: Ja genau. Das ist korrekt.

Tanja: Könntest du für mich aus deiner Expertensicht bitte einmal beschreiben, ob die Schlachtszenen faktisch richtig dargestellt waren?

Karl: Absolut. Der Erste Weltkrieg war in weiten Teilen ein Stellungskrieg. Das heißt, die Soldaten haben sich auf der Länge der Front eingegraben, um in ihren Schützengräben Deckung vor feindlichen Geschossen zu finden. Es gab kilometerlange Verbindungsgräben, die gestaffelt in mehreren Linien hintereinander angelegt waren. Darin waren auch Unterstände inbegriffen, so wie Schlaf- und Aufenthaltsräume, die unter der Erde angelegt waren. Im Grunde genommen spielte sich das Leben der Soldaten nur in diesen Gräben ab. Abwechslung kam nur dadurch auf, dass irgendwann der Befehl zum Angriff kam und man dann jeweils auf der einen oder anderen Seite versuchte, Meter um Meter Land zu erkämpfen und in den nächsten feindlichen Schützengraben vorzurücken. Das ganze Gelände war übersät mit Sperren und Stacheldraht und dazu kam noch das dauernde Artilleriefeuer. Das Schlachtfeld von Verdun beispielsweise glich einer Mondlandschaft mit endlosen Kratern. Auch die Kampfweisen sind absolut realitätsnah dargestellt. Es wurde selbstverständlich geschossen, aber die Munition war irgendwann verbraucht und so benutzten die Soldaten auf beiden Seiten das, was sie hatten als Werkzeuge zum Töten. Da ist zum Beispiel an das Bajonett zu denken, also ein auf das Gewehr vorne aufgepflanztes Messer. Dieses Messer konnte man natürlich auch separat benutzen. Oft wurde auch der Klappspaten dazu benutzt, um die gegnerischen Soldaten förmlich zu zerhacken. Das waren Kämpfe, die aus nächster Nähe geführt wurden, Auge in Auge mit dem Feind.

Tanja: Das klingt ja alles ziemlich brutal und scheint es auch gewesen zu sein. Gibt es denn in solch einem Krieg keine Regeln, die solch schlimmes Verhalten verhindern könnten?

Karl: Du wirst lachen, aber es gibt solche Regeln tatsächlich. Genfer Konventionen, Kriegsvölkerrecht und Humanitäres Völkerrecht in bewaffneten Konflikten sind hier die passenden Stichworte. Hierin waren und sind die erlaubten Kampfweisen geregelt und darin ist auch definiert, was gegen Strafe alles verboten ist. Den rechtmäßigen Gegner mit allen erlaubten Mitteln zur Strecke zu bringen, ist hingegen nicht verboten, so unglaublich das klingt. Wichtig ist dabei nur, dass es sich um legitime Gegner, also Kombattanten handelt. Kombattant ist jeder rechtmäßige Angehörige einer beteiligten Armee, also jeder der offiziell Uniform und Hoheitsabzeichen seines Landes trägt. Die gegnerischen Parteien dürfen sich dann mit den ihnen zur Verfügung stehenden Mitteln bekämpfen. Sie müssen nur darauf achten, dass unnötiges Leiden vermieden wird. Es ist also demzufolge verboten, den Gegner unnötig lange zu quälen oder etwa zu foltern. Mit dem Spaten den Schädel einschlagen ist jedoch nicht verboten. Ebenso das Kampfmesser in die Brust rammen ist erlaubt.

Tanja: Es sind ja vor allen Dingen junge Menschen, die im Ersten Weltkrieg in den Schützengräben lagen. Ich habe gelesen, dass das Durchschnittsalter etwa zwischen neunzehn und dreiundzwanzig Jahren lag. Hältst du es für möglich, dass Menschen in diesem Alter mental bereits so abgehärtet sind, dass sie solche Kriegstechniken ohne weiteres anwenden können?

Karl: Nein. Aus meiner Erfahrung mündet das in einer psychischen Überforderung. Wir müssen ja einfach mal darüber nachdenken, wo diese jungen Menschen herkommen. Sie waren vormals Schüler und sie können in diesem Alter ja noch nicht mal als richtige Erwachsene gelten. Von der Welt dürften sie bisher relativ wenig gesehen haben und da es sich bei den meisten Soldaten des Ersten Weltkrieges auch nicht um ursprüngliche Berufssoldaten handelte, glaube ich, dass der Großteil auf solche Szenarien überhaupt nicht vorbereitet war. Meiner Meinung nach wird das im Film auch sehr gut in Szene gesetzt, dass die jungen Soldaten mehr ums eigene Überleben kämpften, quasi aus einem instinktiven Überlebenswillen heraus. Und man kann auch sehr gut erkennen, dass sie mit der gesamten Situation ziemlich überfordert sind und sie das eigentlich gar nicht wollen, was sie da machen und es auch sogar bereuen. Bei Berufssoldaten sieht es da mitunter anders aus. Sie sind mental und physisch vorbereitet worden auf das Kriegshandwerk und wissen genau, was sie erwartet. Sie sind in der Regel aber auch älter und lebensreifer. Besser abgehärtet sozusagen.

Tanja: Glaubst du eigentlich, dass man, wenn der Krieg dann zu Ende war, das Gesehene und Erlebte einfach so vergessen kann oder wird das die Betroffenen ein Leben lang begleiten?

Karl: Die Erfahrung zeigt, dass Soldaten, wie schon angesprochen, in der Regel sehr junge Menschen sind, welche die gemachten Erfahrungen ein Leben lang mit sich herumtragen. In der Gesellschaft ist kaum jemand, der verstehen kann, was sie da durchgemacht haben. Hier treffen Welten aufeinander. Neuerdings spricht man hier von einem posttraumatischen Belastungssyndrom (PTBS), das seit einigen Jahren auch hier in Deutschland wieder in aller Munde ist. Es ist doch vollkommen klar, dass Menschen, die einmal in einer solchen Grenzsituation waren, auf die sie vorher niemand vorbereitet hatte, auch später damit zu kämpfen haben, diese zu verarbeiten. Anders würde es sich verhalten bei gestandenen Berufssoldaten, die in etlichen Trainings und Ausbildungen auf das vorbereitet wurden, was ihnen später bevorstehen würde. Aber wie wir nun etliche Male in der Geschichte gelernt haben, hat der Krieg einen extrem hohen Verschleiß an Menschen und die beteiligten Staaten greifen immer wieder auf ungeübte und ungelernte junge Menschen zurück, stecken sie schnell in Uniformen, verpassen ihnen eine kurze Grundausbildung, um sie dann an die Front zu schicken. Dabei werden ihnen nicht selten falsche Vorstellungen gemacht, um sie nicht unnötig zu verschrecken. Das rächt sich später, wenn sie an der Front sind und der Wahrheit ins Auge blicken müssen. Ich denke, das war im Ersten Weltkrieg so, im Zweiten Weltkrieg ebenfalls und es zieht sich wie ein roter Faden durch viele Kriege bis heute. Ja insbesondere heute wieder, wenn ich an den Krieg in der Ukraine denke.

Tanja: Nun ist der Erste Weltkrieg ja schon über hundert Jahre her und wir hätten uns wohl nicht erträumen lassen, dass es jetzt schon wieder so einen großen Krieg mitten bei uns in Europa geben würde mit Hunderttausenden von Toten. Man möchte sich gar nicht ausmalen, wie schlimm das Ganze noch werden könnte, wenn der Krieg noch mehrere Jahre anhalten würde, was von der Nato kürzlich prognostiziert wurde. Dann könnten die Zahlen schnell in die Millionen gehen und einen ebensolchen Stellenwert einnehmen, wie beispielsweise im Ersten Weltkrieg. Bei den aktuellen Schlachten handelt es sich allem Anschein nach ja abermals um Stellungskämpfe, also ähnlich wie im Ersten Weltkrieg. Ist diese Kampfweise aus deiner Sicht tatsächlich zeitgemäß? Ich dachte bisher immer, das modernes Kriegsgerät schnelle Geländegewinne ermöglichen würde, aber anscheinend ist dies nicht der Fall. Was weißt du darüber zu berichten?

Karl: Der Grabenkampf ist tatsächlich nach wie vor ein Mittel der Kriegsführung. Moderne Waffensysteme ersetzen diese Kampfweise bisher nicht. Wir haben ja sogar im Afghanistan-Krieg gesehen, dass sämtliche technische Überlegenheit der Amerikaner nicht dazu beitragen konnte, einen Krieg zu gewinnen gegen einen Gegner, der lediglich mit primitiven Handfeuerwaffen und selbst gebauten Sprengstofffallen konterte. Seit jeher weiß man, dass es die Infanteristen sind, die die Schlacht entscheiden. Das heißt, der Kampf Soldat gegen Soldat hat nach wie vor einen enormen, wenn nicht sogar den höchsten Stellenwert. Also ganz ähnlich wie im Ersten Weltkrieg. Da hat sich nicht wirklich viel geändert.

Tanja: Du meinst also, dass die Soldaten jetzt aktuell in der Ukraine sich in einem ähnlichen Szenario gegenüberstehen wie damals?

Karl: Das ist richtig. Wer das Geschehen aufmerksam beobachtet, der hat mitbekommen, dass die Front im Osten verhärtet ist. Die Soldaten haben sich an vielen Stellen in die Erde eingegraben und stehen sich jeweils nur wenige hundert Meter diametral gegenüber. Es wird Tag und Nacht hin und her geschossen. Es werden Angriffsversuche hier und dort unternommen. Manchmal gelingen sie, manchmal nicht. Nur wenige Zeit später kann der Gegner die gewonnene Stellung selber wieder erringen. Und so geht dieses Spiel nun Monate hin und her. Diese Kampfweise kostet jeden Tag etwa tausend Menschen das Leben und gilt damit als sehr verlustreich. Der Grabenkampf ist damit so etwas wie ein Pendant zum Blitzkrieg oder zu Kommandooperation durch Spezialkräfte.

Tanja: Was weißt du aus deiner Erfahrung zum Grabenkampf zu berichten? Bist du selber darin ausgebildet?

Karl: Ja. Ich bin sogar sehr gut geschult und war auch für die Ausbildung hunderter Soldaten verantwortlich. Der Kampf im Schützengraben gehört zur infanteristischen Routineausbildung und gewinnt ja aktuell wieder durch den Ukrainekrieg eine Renaissance. Das Ausheben der Schützengräben erfolgt heute hier und da durch maschinelle Unterstützung, muss aber auch mit dem eigenen Klappspaten erfolgen. Das System funktioniert gut, denn ein entsprechend tief aus gehobener Schützengraben bietet erheblichen Schutz vor feindlichen Geschossen und er bietet eine gewisse Tarnung. Du kannst dich darin relativ sicher querverschieben, was ohne diese Deckung insbesondere in offenem Gelände niemals möglich wäre. Soldaten haben in einem offenen Gelände eine sehr geringe Überlebenschance, denn sie bieten eine offene Zielscheibe. Der Schützengraben gewährleistet also, dass eine stabile Verteidigungslinie errichtet werden kann oder auch eine stabile Basis für einen Angriff bereitsteht. Die Soldaten leben auch heute quasi in diesen Gräben, haben dort Unterstände und Schlafräume, beobachten von dort aus das Vorgelände und starten von hier ihre Angriffe. Ich kann dir versichern, wenn du über mehrere Wochen in so einem Graben bei Wind und Wetter bist, dann stellen sich Bilder ein, die denen im Film sehr ähnlich sind. Es ist kalt, nass, schlammig, trostlos. Du kannst ja auch nicht einfach mal eben so rausgehen und dir die Beine vertreten. Der Schützengraben ist dann dein Zuhause.

Tanja: Und wie sieht es mit der Kampfweise aus?

Karl: Die ist auch so wie früher. Die Schützengräben haben in der Regel Sandsackauflagen, auf denen die Soldaten ihre Gewehre positionieren, um dann in Richtung gegnerische Seite zu zielen. Sie selbst sind immer dem gegnerischen Artilleriefeuer ausgesetzt und müssen jederzeit damit rechnen, aufgeklärt und ebenfalls beschossen zu werden. Dem Artilleriefeuer zu entkommen, ist so gut wie unmöglich. Entweder man hat Glück, oder man hat Pech. So einfach ist das dann. Von diesem Graben aus werden dann Angriffsversuche unternommen, um das gegnerische Gelände, beziehungsweise die gegnerischen Gräben zu erobern. Man nennt das dann Grabenkampf. Idealerweise beginnt ein solcher Angriff mit einem eigenen Mörser- oder Artilleriefeuer auf die feindlichen Stellungen. Mit dem Sturm in die feindlichen Stellungen setzt dieses Artilleriefeuer dann aus und die eigenen Kräfte versuchen an der schwächsten Stelle, meist aus der Flanke kommend, in das gegnerische Stellungssystem einzudringen und dann den Graben von einer Seite aus aufzurollen. Die Truppen dringen also meist links oder rechts in das feindliche Stellungssystem ein und kämpfen unter Einsatz von Handgranaten und schnellem Gewehrfeuer Stück für Stück des feindlichen Grabens frei. Dies ist ein Kampf im Angesicht des Feindes. Die gegnerischen Kräfte stehen sich dabei Auge in Auge gegenüber. Dies ist auch aktuell der Fall. Man kann sich leicht vorstellen, dass ein solches Vorgehen auch insbesondere für den Angreifer extrem gefährlich ist, denn bereits ein Treffer in Arm oder Bein führt in der Regel zum Ausfall. Da die Truppen aber weiter angreifen müssen, bleibt zunächst keine Zeit, sich um die Verwundeten zu kümmern. Sie bleiben liegen, damit der Angriff weiter fortgesetzt werden kann. Wenn die Munition verschossen ist und die Handgranaten aufgebraucht sind, dann kommen Klappspaten und Kampfmesser zum Einsatz. Es entstehen dann exakt die Bilder, die wir aus dem aktuellen Film kennen. An solchen Nahkampfverfahren bin ich selber intensiv ausgebildet worden und habe diese auch an andere vermittelt.

Tanja: Das klingt ja wirklich sehr archaisch und brutal.

Karl: So ist es auch zu verstehen. Und wie schon gesagt: Handelt es sich hierbei um Berufssoldaten, die mental und physisch vorbereitet sind, so ist das eine Sache. Sind aber junge Leute im Alter von achtzehn, neunzehn Jahren hiervon betroffen, die vor kurzem noch die Schulbank gedrückt haben, dann kannst du dir in etwa vorstellen, was das mit diesen jungen Leuten macht. Das ist ein extremer Ausnahmezustand und viele von den jungen Menschen, egal auf welcher Seite sie sich befinden, werden einfach nur einen Gedanken haben: Raus hier, weg nach Hause. Das wird oft ihr erster Wunsch sein, jedoch ist das kaum zu realisieren. Man kann nicht einfach wieder nach Hause gehen. Und so werden jetzt gerade aktuell im Jahre 2023 tatsächlich ganz viele junge Menschen in die Schlacht geworfen und zum Sterben geschickt. Aus der Hölle des aktuellen Kampfgebietes gibt es an vorderster Front kaum ein Entkommen für die oft unerfahrenen und nicht ausreichend trainierten jungen Leute.

Tanja: Ist die Unerfahrenheit auch ein Grund für die hohe Anzahl an Opfern?

Karl: Das kann man so vermuten. Die nominale Zahl von Tausend erfasst die täglichen Toten und Verletzten auf beiden Seiten. Du musst aber davon ausgehen, dass viele der jungen Soldaten und Soldatinnen bei solch grausamer Kriegsrealität auch seelisch schwer geschädigt werden. Da ist doch keine unmittelbare seelsorgerische Hilfe und das schützende Band besteht lediglich in der Kameradschaft. Problematisch wird es allerdings, wenn auch die Reihen der Kameraden sich nach und nach lichten und jeder zweite oder jeder Vierte aus dem Zug, der Kompanie oder dem Bataillon plötzlich zu den Toten oder Verwundeten gehört. Dann merkt man förmlich, wie die Einschläge näherkommen und man kann sich ungefähr ausrechnen, wie viele Chancen man selber noch hat, dem ganzen Treiben unbeschadet zu entkommen. Du kannst dir das in etwa so vorstellen: Wenn ein Truppenverband nur noch 70% seiner nominalen Stärke besitzt, dann heißt das nichts anderes, als das drei von ursprünglich zehn Soldaten nicht mehr vorhanden sind. Man kennt sich aber doch untereinander und es treten Lücken im sozialen Miteinander auf. Jeder kennt plötzlich jemanden, der entweder gefallen ist oder verletzt wurde. Ein Truppenverband, der nur noch 50% seiner ehemaligen Stärke besitzt, gilt als aufgerieben. Sind es 30% oder weniger, so droht die Zerschlagung. Solche Einheiten sind dann nicht mehr in der Lage, ein organisiertes Gefecht zu führen, sondern müssen dringend zurückgeführt werden. Bei den derzeitigen Verschleißzahlen sind solche Prozentangaben mitunter sehr schnell erreicht. So können altgediente Bataillone mit ehemals zirka siebenhundert oder achthundert Soldaten vom einen auf den anderen Tag so weit dezimiert werden, dass die Einsatzfähigkeit des Bataillons nicht mehr gegeben ist. Alle Überlebenden sind dann damit beschäftigt, Verwundete zu bergen, eigene Verletzungen zu versorgen, das Material und sich selbst hinter die Frontlinie zu bringen, oder aber zu riskieren zu 100% vernichtet zu werden. Man kann sich im Grunde genommen von hier aus gar nicht vorstellen, was es bedeutet, wenn über Jahre zusammengewachsene Verbände vom einen auf den anderen Tag auf diese brutale Weise auseinanderbrechen. Ich bin mir ziemlich sicher, dass auch bei den Überlebenden hier ein Stück ihres inneren Wesens fragil wird, das nicht ebenso schnell wieder zu reparieren ist. Stell dir vor, deine besten Kumpels gibt es nicht mehr, mit denen du jahrelang Zeit verbracht hast und zusammengelebt hast. Dann ist das in etwa so, als wenn ein Teil der eigenen Familie stirbt. Solche Soldaten sind, selbst wenn sie unbeschadet überlebt haben, nicht mehr ohne weiteres sofort wieder verwendbar. Wahrscheinlich werden sie in absehbarer Zeit trotzdem wieder in einem anderen Verband zum Einsatz kommen, aber es hat sich in ihnen dann bereits etwas fundamental verändert und abgenutzt. Wer die Schrecken des Krieges auf diese Weise intensiv kennengelernt hat, der ist entweder total abgehärtet und abgebrüht wie nie zuvor oder er ist gewissermaßen gebrochen und desillusioniert.

Tanja: Wie lange denkst du, kann ein solches Gemetzel weitergehen, bis es endlich aufhört?

Karl: Soweit ich es mitbekommen habe, versuchen die gegnerischen Parteien mittlerweile händeringend Nachschub an Menschen zu organisieren. Wir kennen das ja aus der Presse, wo und in welchen Bereichen und mit welchen Mitteln hier überall geworben wird. Es ist die Rede davon, dass selbst in Gefängnissen rekrutiert wird, es werden aber auch ausländischen Söldnern jedweder Herkunft horrende Beträge geboten, sich an den Kämpfen zu beteiligen. Das große Heer jedoch wird wahrscheinlich aus den bereits zitierten jüngsten Jahrgängen herangezogen, weil man einfach diese große *Manpower* benötigt. Ich kann mir vorstellen, dass hier gegebenenfalls auch mit Zwang gearbeitet wird. Je länger der Krieg dauert und je verfahrener die Situation wird, desto mehr wird sich dieser Zwang auch noch erhöhen, bis es am

Ende keine Freiwilligkeit mehr gibt, sondern eine hundertprozentige Verpflichtung vorgeschrieben ist, an die Front zu gehen. Da derzeit keine Friedensverhandlungen stattfinden, denke ich, dass sich die Zahl der Toten noch deutlich steigern wird.

Tanja: Da fällt mir der geflügelte Satz ein: „Stell dir vor es ist Krieg und keiner geht hin". Ich hätte nicht gedacht, dass diese Phrase noch einmal so viel an Aktualität gewinnen würde.

Karl: Ja, das ist in der Tat ein interessanter Gedankengang, denn wenn die Beteiligten einmal kurz innehalten würden, dann würden sie merken, dass hier eine Grenze überschritten wurde, ab der ein „*weiter so wie immer*" keinen Sinn mehr zu ergeben scheint. Meiner Meinung nach müssen Verhandlung immer Teil der Politik, aber auch Teil einer verantwortungsvollen Gefechtsführung sein. Sobald ich erkenne, dass die Kosten höher sind als der Nutzen, muss mir doch klar sein, dass selbst bei einem Sieg am Ende das Ganze nur ein Pyrrhussieg werden wird. Das ist dann ein zu teuer erkaufter Sieg aus dem ein Sieger am Ende wie ein Besiegter hervorgeht. Den Einsatz, den er verloren hat, kann er nicht ohne weiteres ersetzen. Wie soll ein Land wie die Ukraine jemals wieder in Schwung kommen, wenn ein Großteil ihrer männlichen jungen Bevölkerung nicht mehr existent ist? Und wie soll andererseits die russische Bevölkerung ebenfalls mit dem Verlust großer Teile ihrer jungen Menschen klarkommen? Aus meiner Sicht als Ex-Soldat übersehen die Verantwortlichen, die meist fernab der Front sind, hier einen wesentlichen Faktor. Ähnlich wie Glücksspieler beim Roulette setzen sie immer mehr und hoffen auf den entscheidenden Durchbruch, der dann aber meist ausbleibt. Danach kommen nur der Totalverlust und das große Erwachen. Wie kommt es eigentlich, dass die Menschheit so wenig aus dem Vergangenen gelernt hat und dass es offenbar keine Strategien zu einer Konfliktbeilegung gibt? Ich höre immer wieder nur von einer weiteren Intensivierung und Ausweitung der Kämpfe. So, als sei dies alternativlos. Jedoch kann ich an keiner Stelle vernehmen, dass irgendwer den Versuch unternimmt, andere Maßnahmen greifen zu lassen, die eher kommunikativer, verhandlungstechnischer oder psychologischer Natur sind.

Tanja: Warum denkst du, ist das so?

Karl: Ich denke, da stehen andere Kräfte dahinter, die ein hohes Interesse haben, dass die Kämpfe noch lange weitergehen. Das sind die Drahtzieher im Hintergrund, die grauen Eminenzen, die es früher schon gab und heute immer noch gibt. Sie verdienen jetzt Milliarden an dem Verkauf von Waffen, haben ein hervorragendes Testgelände, um neue Waffensysteme zu testen und sie destabilisieren eine Region auf dieser Welt, um selbst davon zu profitieren. Die großen Geldgeber profitieren zuerst von der Zerstörung und dann vom Wiederaufbau. Das ist ein ausgeklügeltes Geschäftsmodell und die entsprechenden Investoren reiben sich gerade ihre Hände. Da diese beste Kontakte in die Politik, aber auch zu den Medien haben, scheint es sich aus meiner Sicht hier um ein abgekartetes Spiel zu handeln, indem es nur darum geht, die eigene Macht zu stärken und den Umsatz zu erhöhen. Diesen Menschen geht es gar nicht um humanitäre Ideale, um die Freiheit, um Demokratie und das alles. Das sind meiner Meinung nach nur vorgeschobene Argumente. Ich denke, jeder einzelne von uns ist dieser Tage dazu aufgerufen, nun kritisch die Stimme zu erheben und zu sagen: Hört endlich auf! Wir wollen euren Krieg nicht mehr! Es reicht!

Tanja: Was hältst du von der jetzt entstehenden Friedensbewegung?

Karl: Ich begrüße sie. Die Menschen müssen ihre Stimme frei äußern und auf die Straße gehen. Das ist Teil der *echten* Demokratie. Nur wenn der Druck von der Straße groß genug ist, werden die Verantwortlichen umdenken müssen. Und glaube mir: Niemand will den Frieden so sehr, wie die beteiligten Soldaten selber. Wir müssen sie deshalb dabei unterstützen, andere Lösungswege zu finden, als die bisher versuchten.

Tanja: Danke für das Gespräch!

Karl: Es war mir eine Freude.

3. Kapitel: Die Haltung des Brigadegenerals a.D. Erich Vad

Wir wollen uns im Folgenden einmal die Expertenstimmen einholen und hören, was zur derzeitigen Lage aus sachkundigem Munde vorgetragen wird. Hierzu sind sowohl erfahrene Generäle, Politiker, Friedensaktivisten, Ökonomen und renommierte Experten weiterer Professionen zu hören. Was sie zu sagen haben, geschieht meist abseits vom Medienmainstream und abseits vom herrschenden Narrativ. Gewissermaßen sprechen diese Stimmen abseits der veröffentlichten Meinung, spiegeln aber einen großen Teil der *öffentlichen* Meinung wider.

Die nachfolgenden Meinungen und Kommentare stammen von der Friedenskundgebung, die am 25. Februar vor dem Brandenburger Tor in Berlin stattgefunden hat. In der Hoffnung auf eine weite Verbreitung sollen diese exzellenten Redebeiträge in unzensierter Weise dargelegt und erläutert werden.

Beginnen möchte ich mit dem Beitrag des Brigadegenerals a.D. Erich Vad, der aus den Reihen der deutschen Bundeswehr stammt. Er nimmt gewissermaßen einen Gegenpol ein zu den nun in den Mainstream-Medien hin und her wabernden Rentnergenerälen, die in WELT, BILD & Co. derzeit ihr Wissen zum Besten geben und uns weismachen wollen, dass mehr Waffen mehr Frieden bringen.

Hier nun sein Beitrag in voller Länge:

„Es ist wichtig, dass heute so viele Menschen hier sind, um zu demonstrieren für ein Ende des fürchterlichen Krieges in der Ukraine, für ein Ende der Kriegsrhetorik in Deutschland, für einen Ausstieg aus der Gewaltspirale und der militärischen Eskalation. Für eine politische Lösung des militärisch festgefahrenen Krieges und für den baldigen Beginn von Verhandlungen bei allen Meinungsunterschieden ist da ein gemeinsames Ziel: den Frieden in der Ukraine baldmöglichst wiederherzustellen.

Es ist naiv zu glauben, man könne Russland militärisch ohne nuklearen Krieg besiegen. Es ist naiv zu glauben, man könne nur über Waffenlieferungen zum Frieden kommen und es ist naiv zu glauben, dass wir mit unseren Waffenlieferungen die Lage, die militärische Lage verändern. Weit über 200.000 Soldatinnen und Soldaten sind gefallen. 50.000 unbeteiligte Zivilpersonen sind ums Leben gekommen. Über acht Millionen Ukrainerinnen und Ukrainer sind auf der Flucht vor dem von Russland ausgelösten völkerrechtswidrigen Angriffskrieg, der nach einem Jahr zu einem - militärisch gesprochen - Abnutzungskrieg geworden ist.

Stichwort Verdun 1916: Damals wurde vorexerziert, was militärische Abnutzung bedeutet. Damals starben fast eine Million junger Franzosen und Deutscher sinnlos und für nichts. Abnutzung bedeutet, dass es keine vernünftige militärische Lösung mehr gibt. Das sagt auch der US-Generalstaatschef Mark A. Milley und diese Einschätzung teilt auch die renommierte RAND Corporation.

Der Westen liefert trotzdem weiter trotz des militärisch sinnlosen Sterbens in der Ukraine Waffen. Heute Panzer, morgen Kampfhubschrauber, Kampfflugzeuge und Raketen. Dies wird auch von vielen deutschen Politikern lauthals gefordert, ohne zu bedenken, dass dadurch der Krieg unter Einbeziehung russischen Territoriums ausgeweitet wird. Das alles wird getan, ohne Klarheit darüber zu haben, was wir konkret mit den Waffenlieferungen erreichen wollen. Geht es darum, Russland zu besiegen, wie manche fordern? Geht es um die Rückeroberung von Krim und Donbas? Geht es darum, die Ukraine lediglich zu stabilisieren? Um ihre Verhandlungsposition zu stärken? Wir liefern seit Monaten nur Waffen und es fällt uns nicht viel mehr ein. Wir tun das alles ohne jede realistische Lösungsperspektive, ohne eine überzeugende Strategie der Konfliktlösung und ohne ein politisches Konzept. Streng genommen ist das Militarismus pur, weil man militärische Hilfeleistungen nicht an realistische politische Ziele koppelt. Es muss mit Blick auf die militärische Gesamtlage klar gesagt werden, die Lieferungen von Waffen können den Ukrainern leider nicht helfen diesen Krieg zu gewinnen. Sie drehen die militärische Pattsituation nicht, und diese kann auf militärischem Wege allein nicht aufgelöst werden. Wir haben einen Stellungskrieg beider Seiten im Osten und Dauerbeschuss der Infrastruktur in der gesamten Ukraine durch Russland.

Russland hat leider die militärische Eskalationsdominanz. Angefangen bei der Mobilisierung, bis hin zum Einsatz von Nuklearwaffen. Das ist nicht nur für die Ukraine, sondern für uns alle eine existenzielle Gefahr, die man nicht unterschätzen sollte. Ich will hier keine Angst verbreiten, aber einige oder sehr viele hierzulande machen es sich sehr leicht, wenn sie sagen, dass eine Atommacht, wenn sie militärisch keinen Erfolg hat, schon nicht zu Nuklearwaffen greifen wird. Das hätten die Amerikaner in Vietnam oder Afghanistan auch nicht gemacht. Diese Vergleiche hinken ganz gewaltig, weil die Schwarzmeerregion für Russland etwa die gleiche strategische Bedeutung hat wie die Karibik für die USA. Oder das Südchinesische Meer für China. Die Russen können da nicht einfach nach Hause gehen wie der Westen in Afghanistan, im Irak, in Syrien oder in Libyen. Das alles ist ähnlich wie die Kubakrise 1962 für die USA. War es damals auch nicht möglich, sowjetischem Einfluss in der Karibik zuzustimmen. Und ähnlich wie in der Kubakrise kommen wir aus dem Ukrainekrieg nur durch besonnenes politisches Handeln, durch Verhandlungen und Kompromisse heraus. Russland wird auch nach dem Ukrainekrieg ein Machtfaktor in Europa bleiben und es wird auch in Zukunft keine tragfähige europäische Friedensordnung geben, ohne Russland. Weil Russland eben von der Landkarte nicht verschwinden kann.

Trotz aller Gegensätze: Hier bringt Säbelrasseln sehr wenig, wenn es nicht mit einem klugen und besonnenen politischen Vorgehen verknüpft wird. Deshalb muss Politik nach anderen Wegen suchen, um den Weltfrieden nicht zu gefährden. Es sind jetzt mehr Diplomatie und Interessenausgleich notwendig und weniger Kriegsrhetorik und eine öffentlich zur Schau gestellte Haltungsdiplomatie. Verhandlungen sind jetzt der einzig mögliche Weg zu einer Lösung zu kommen. Ein „*weiter so*" bedeutet den sinnlosen Verschleiß von Menschenleben.

Die Mehrheit der Deutschen ist eindeutig gegen die Ausweitung von Waffenlieferungen und für Verhandlungen. Das muss sich in der deutschen Politik auch widerspiegeln, denn sie sind ja Vertreter des Volkes. Militärische Operationen und Waffenlieferungen müssen immer an den Versuch gekoppelt bleiben, politische Lösungen herbeizuführen und das Grundgesetz, unsere Verfassung, kennt zudem das sogenannte Friedensgebot. Unsere Verfassung fordert dazu auf, Frieden zu bewahren oder baldmöglichst wieder herzustellen. Eine lange Dauer des Ukrainekrieges ist weder im deutschen noch im europäischen Interesse. Lösungsorientiertes außenpolitisches Handeln braucht daher eine andere Gewichtung. Sie muss ihre Hauptaufgabe wieder in den Blick nehmen.

Diplomatie, Interessenausgleich, Verständigung und Konfliktbewältigung. Wir helfen der Ukraine, wir haben Mitverantwortung für die Ukraine, aber wir müssen auch Mitsprache beanspruchen. Daher muss auf politischer Ebene mehr miteinander gesprochen werden. Die deutsche und die französische Regierung sollten endlich initiativ werden in Richtung auf einen Waffenstillstand und anschließende Verhandlungen.

Und wo steht Europa? Der Ukrainekrieg ist doch ein europäisches Thema. Wieso kommen die Friedensinitiativen nicht von der EU, sondern aus Brasilien und China? Vom Ukrainekrieg ist besonders Europa als Schlachtfeld dieses Krieges und als potentieller Hauptkriegsschauplatz eines großen Krieges betroffen. Gerade deswegen fehlt mir die politische Gestaltungskraft Europas. Deutschland und Europa dürfen nicht länger Objekt und Spielball sein. Europa muss endlich ein interessengeleiteter strategischer Akteur werden und wir brauchen dringend oberhalb der Geberkonferenzen für Waffenlieferungen eine politisch strategische Ebene unter Einbeziehung von wichtigen Ländern dieser Welt. Wir brauchen endlich einen politisch abgestimmten Plan, der die Frage beantwortet, wie alle aus diesem Krieg herauskommen und die zentrale politische Perspektive muss es sein, den Krieg zu beenden und endlich realistische Wege zum Frieden zu finden. Ich danke Ihnen für Ihre Aufmerksamkeit."

4. Kapitel: Die Haltung von Sahra Wagenknecht

Die deutsche Bundestagsabgeordnete Sahra Wagenknecht gilt als die Speerspitze der aktuellen deutschen Friedensbewegung im Falle des Ukrainekrieges. Ihr Wort hat in der Bundesrepublik Deutschland in großen Teilen der Gesellschaft Gewicht und so kommt sie auch ständig in Talkshows und Presseberichten zu Wort. Es ist ein großes Glück, dass ausgerechnet sie diesen mutigen Schritt gegangen ist, nun eine breite Bewegung für den Frieden zu initiieren. Viele Menschen folgen ihr dieser Tage bereitwillig. Im Folgenden sollen nun ihre Worte vom 25. Februar auf der in Berlin stattfindenden Friedenskundgebung beleuchtet und analysiert werden:

„Liebe Freundinnen und Freunde. Liebe Friedensfreunde. Ich bin so froh, dass ihr alle hier heute gekommen seid und ich weiß, dass auch viele Tausende unsere Kundgebung an den verschiedenen Livestreams mitverfolgen. Ich denke, heute kann man sehen, wie viele wir sind, und von jetzt an werden wir unsere Stimme so laut erheben, dass sie nicht mehr übergangen werden kann. Denn liebe Freundinnen und Freunde, wir sind nicht nur viele, wir fangen jetzt auch an, uns zu organisieren.

Deutschland braucht endlich wieder eine wirklich starke Friedensbewegung. Ihr habt ja alle verfolgt was passiert ist, als Alice Schwarzer und ich gemeinsam mit neunundsechzig Erstunterzeichnern unser Manifest für den Frieden veröffentlicht haben. Da ist in Teilen der politischen und medialen Öffentlichkeit Deutschlands eine regelrechte Hysterie ausgebrochen. Was hat man uns nicht alles unterstellt. Was hat man uns nicht alles vorgeworfen, und damit stellvertretend natürlich auch den über 600.000 Unterzeichnern unseres Manifests: Wir seien zynisch, gewissenlos, amoralisch, Handlanger Putins, womöglich sogar von Putin bezahlt.

Und trotzdem haben sich die Menschen nicht abhalten lassen, sie haben unser Manifest unterzeichnet. Jeden Tag werden es mehr, die das Manifest unterzeichnen. Und da muss ich ja auch noch mal sagen: Das ist großartig von euch allen! Ein herzliches Dankeschön! Ich meine, die Kampagne gegen uns, sie gipfelte darin, dass man versucht hat uns in die Nähe der extremen Rechten zu rücken. Daran sieht man, wie krank die Diskussion in Deutschland inzwischen ist. Seit wann ist der Ruf nach Frieden, der Ruf nach Diplomatie und Verhandlungen rechts und Kriegsbesoffenheit ist dann wohl links. Einige haben ja offenbar völlig ihren politischen Kompass verloren. [...]

Aber genauso sage ich auch: Jeder der ehrlichen Herzens mit uns für Frieden und für Verhandlungen demonstrieren will, ist hier willkommen und daraus soll man nicht so eine dumme Debatte machen. Es nervt mich, auf welchem Niveau in Deutschland inzwischen diskutiert wird. Es ist wirklich unsäglich und ich finde auch, das möchte ich hier noch mal sagen, wenn wir schon über Rechtsoffenheit reden, das ist ja ein Begriff, der ganz oft gefallen ist im Vorfeld der Kundgebung, wenn wir schon über Rechtsoffenheit reden, dann sollen sich die Kriegstrommler doch verdammt noch mal an ihre eigene Nase fassen. Leute, die keine Scham haben, sich mit anderen zu verbünden, die ganz echte Nazis sind [...]

Was ist das für eine verlogene Debatte! Das möchte ich auch noch mal deutlich sagen. Aber das hysterische Gebrüll, das tierische Gebrüll in Teilen der Politik und der Medien zeigt natürlich auch: Sie haben wirklich Angst vor uns. Sie haben Angst vor einer neuen Friedensbewegung und ich finde, da haben sie auch Grund dafür. Sie haben nämlich Angst, dass sie ihre Politik nicht mehr ohne weiteres so fortsetzen können. Und ich sage ihnen: Ja genau deshalb sind wir hier, damit sie diese Politik nicht fortsetzen können. Also bitte schön, wenn sie Angst haben, das ist ein Kompliment für uns alle.

Es geht um viel. Es geht zum einen darum, dass furchtbare Leid und das Sterben in der Ukraine zu beenden. Es geht darum, Russland einfach Handlungsangebote zu unterbreiten, statt einen endlosen Abnutzungskrieg mit immer neuen Waffen zu munitionieren. Ich meine, man muss sich das mal vorstellen: Das Weiße Haus hat mit Rüstungskonzernen über viele Jahre Verträge abgeschlossen. Also für viele Jahre Verträge abgeschlossen, dass sie die Ukraine mit Waffen beliefern. Für viele Jahre soll die Kriegsmaschinerie munitioniert werden, damit ihr nicht die Waffen ausgehen. Was ist das für eine wahnsinnige und zynische Politik und die stellen sich dann auch noch hin und sagen das sei Solidarität mit der Ukraine. Was ist das für eine Lüge!

Das ist doch keine Solidarität, das ist das genaue Gegenteil dessen. Solidarität wäre, alles dafür zu tun, das Sterben zu beenden. Solidarität heißt: Leben retten und nicht Leben zerstören. Solidarität heißt, sich für den Frieden zu engagieren und nicht für den Krieg und dafür braucht man keine Panzer, dafür braucht man Diplomatie, Verhandlungen und Kompromissbereitschaft. Von beiden Seiten. Das braucht man dafür, das ist solidarisch und ja natürlich, das sage ich ja auch: Selbstverständlich geht dieser Appell auch an den russischen Präsidenten. Natürlich muss auch Putin bereit sein zu Verhandlungen und Kompromissen. Die Ukraine darf kein russisches Protektorat werden. Aber nach allen Berichten, die wir über die Friedensverhandlungen im Frühjahr haben - und damals hatte sich der damalige israelische Ministerpräsident Bennet engagiert und auch die türkische Regierung nach allen Berichten über die Verhandlungen - muss man sagen: Die sind offensichtlich nicht an der russischen Seite gescheitert und auch das gehört zur Wahrheit, finde ich.

Es geht also darum, das Sterben in der Ukraine zu beenden. Aber es geht auch um mehr als das. Es geht auch darum, das Risiko einer Ausweitung dieses Krieges auf ganz Europa, womöglich auf die ganze Welt - dieses Risiko zu bannen. Und es ist ein verdammt großes Risiko. Wir haben alle gesehen, der Einschlag einer ukrainischen Rakete in Polen damals, die ja zunächst als russische Rakete hingestellt wurde, der hat dazu geführt, dass die ersten Verrückten tatsächlich schon gefordert haben, der Bündnisfall müsse jetzt eintreten.

Und wir alle wissen doch: Es kann ja tatsächlich mal eine russische Rakete sogar aus Versehen jenseits der Ukraine einschlagen und was passiert dann? Haben wir dann den Bündnisfall? Haben wir dann den Weltkrieg? Das heißt, mit jedem Tag, an dem dieser Krieg andauern wird und mit jeder tödlichen Waffe, die wir da weiter zusätzlich in dieses Pulverfass liefern, wächst die Gefahr für einen großen Krieg in ganz Europa und womöglich in der ganzen Welt, und auch das müssen wir unbedingt stoppen. Auch dagegen stehen wir heute hier. Das ist eine unverantwortliche Entwicklung, die unbedingt aufhören muss.

Und nun erzählt man uns, das sei doch Putin-Propaganda. Nein! Liebe Leute, auch der UN-Generalsekretär hat vor kurzem sehr deutlich davor gewarnt, dass die Welt gerade dabei ist, mit sehenden Augen, mit weit geöffnetem Augen, in einen großen Krieg hineinzugehen. Ist er auch ein Putin-Propagandist? Mein Gott, wie kann man nur die Augen so schließen, wie kann man nur so kriegsbesoffen sein, dass man diese Gefahr nicht sieht. Das ist doch Wahnsinn, das zu verantworten, oder meinen einige vielleicht: Ach, diese Gefahr, die müssen wir heldenhaft in Kauf nehmen, weil wir ja für das Gute kämpfen und auf der richtigen Seite der Geschichte stehen.

Und denen die das sagen möchte ich deutlich entgegnen: Nein! Wer die Gefahr eines nuklearen Krieges übersieht, steht nicht auf der richtigen Seite der Geschichte. Und wer nicht alles in seiner Macht Stehende tut, um die Gefahr einer solchen Eskalation zu bannen, der kämpft auch nicht für das Gute, sondern der ist verantwortungslos. Die Atomkriegsuhr steht aktuell bei neunzig Sekunden vor zwölf. Die Wissenschaftler, die diese Uhr betreuen, haben sie vor kurzem noch einmal nach vorne gestellt.

Interessiert das die Bundesregierung überhaupt nicht? Denn noch nie, noch nicht mal im Kalten Krieg, stand die Welt so nah an der Schwelle eines atomaren Infernos. Und auch deshalb sind wir heute hier, denn das darf nicht weitergehen. Diese Atomuhr muss wieder zurück. Verdammt noch mal, sie muss weiter weg von zwölf Uhr und nicht immer näher drankommen. Ich kann mich noch gut an meine Kindheit und Jugend erinnern. Das waren die achtziger Jahre des 20. Jahrhunderts. Das war die Zeit, wo über Raketenstationierungen in Deutschland diskutiert wurde und weltweit über Sternkriegsprogramme.

Ich bin aufgewachsen mit der Angst vor einem großen Krieg, mit der Angst vor einem Atompilz über Berlin, und ich kann mich noch gut erinnern, wie dankbar ich war, als dann mit Michael Gorbatschow eine neue Zeit begann, eine Zeit der Abrüstungsgespräche und Abrüstungsverträge. Und das war eine Zeit, wo man das Gefühl hatte, ja jetzt beginnt ein neues Zeitalter, ein Zeitalter der Abrüstung, der Zusammenarbeit und der gemeinsamen Sicherheit. Ich gebe zu, ich hatte in den Jahren danach fast vergessen, wie es sich anfühlt, wenn man Angst hat vor Krieg. Heute weiß ich es wieder. Heute dreißig Jahre nach Gorbatschow hat Putin mit dem New-Start-Vertrag gerade den letzten noch gültigen Abrüstungsvertrag auf Eis gelegt. Das hat er getan, nachdem die USA zuvor andere Atomwaffenkontroll-Verträge aufgekündigt hatten. Heute redet niemand mehr von Abrüstung. Heute wird aufgerüstet, was das Zeug hält, und die Atomwaffenarsenale werden modernisiert.

Heute wollen Politiker unseres Landes, das Gorbatschow seine Wiedervereinigung verdankt, Russland ruinieren. Heute sollen deutsche Kampfpanzer wieder auf russische Soldaten schießen und zumindest Melnik ist sich sicher, dass bald auch Kampfjets geliefert werden. Liebe Freundinnen und Freunde, diesen Wahnsinn müssen wir stoppen. Deshalb sind wir heute hier, liebe Freundinnen und Freunde. Wir leben ja in einer orwellschen Welt. Was erzählt man uns da eigentlich für Geschichten: *Panzer schaffen Frieden*, retten Menschenleben und der ukrainische Oligarchen-Kapitalismus, der genauso korrupt ist wie der russische, kämpft angeblich für unsere Freiheit. Und unsere Demokratie: Schon George Orwell wusste, wenn alle die verbreitete Lüge glaubten, dann ging die Lüge in die Geschichte ein und wurde zur Wahrheit. Und deswegen sagen wir deutlich: Wir glauben eure Lügen nicht mehr! Wir wissen, das Waffen töten und Panzer dazu da sind, Krieg zu führen und wir wissen auch, dass unsere Freiheit nicht in der Ukraine verteidigt wird, genauso wenig wie vorher am Hindukusch. Und es geht auch nicht um höhere Werte in diesem Krieg, sondern um die NATO und den Umfang der amerikanischen Einflusszone, und deshalb sind wir hier. Damit dieses sinnlose Sterben aufhört. Und wir sind auch deshalb hier, weil wir uns von der deutschen Regierung nicht vertreten fühlen. Wir fühlen uns nicht vertreten von einer grünen Außenministerin, die wie ein Elefant im Porzellanladen über das internationale Parkett trampelt und ihre öffentlichen Äußerungen so wenig im Griff hat, dass sie mal eben aus Versehen Russland den Krieg erklärt.

Nein, von Frau Baerbock fühlen wir uns nicht vertreten und wir fühlen uns auch nicht vertreten von Panzer-Toni und den ganzen Grünen Waffennarren, die den Eindruck erwecken, sie würden am liebsten gleich selbst mit geladenem Rohr im Leopard gegen Russland rollen. Was ist das für eine Debatte, die da geführt wird. Petra Kelly würde sich mit Grausen von dieser Partei abwenden. Das muss man ja auch mal deutlich sagen. Und liebe Freundinnen und Freunde, wir fühlen uns auch nicht vertreten von einer Rüstungslobbyistin Strack-Zimmermann, der die Geschäftsbilanz von Rheinmetall und Co. offensichtlich mehr am Herzen liegt als das Schicksal der Menschen in der Ukraine oder gar der Weltfrieden. Nein, von dieser Frau und von einer FDP, wo die Strack-Zimmermanns den Ton angeben, fühlen wir uns nicht vertreten. Aber wir fühlen uns auch nicht vertreten von einem Kanzler, der zwar zunächst immer zögert und für Bedachtsamkeit und Vorsicht wirbt, aber dann trotzdem regelmäßig vor den Kriegstrommlern in seiner Koalition einknickt und eine rote Linie nach der nächsten überschreitet. Nein Herr Scholz, auch von ihnen fühlen wir uns nicht vertreten, weil das eine fatale Politik ist.

Wir wollen nicht, das mit deutschen Panzern auf die Urenkel jener russischen Frauen und Männer geschossen wird, deren Urgroßeltern tatsächlich auf bestialische Weise millionenfach ermordet wurden. Wir wollen nicht, dass auf deren Urenkel wieder geschossen wird mit deutschen Waffen. Auch deshalb sind wir hier, denn das ist wirklich völlig geschichtsvergessen. Haben die denn überhaupt nicht mehr im Kopf, was deutsche Geschichte mal war?

Liebe Freundinnen und Freunde, wir wollen auch nicht, auch deshalb sind wir hier, dass Deutschland sich immer weiter in diesen Krieg hineinziehen lässt. So lange bis der Krieg möglicherweise hier ist. Das wollen wir auf gar keinen Fall und dagegen wehren wir uns. Und deswegen sind wir hier auch so zahlreich. Wir halten es mit der großen pazifistischen Schriftstellerin Bertha von Suttner, die einmal geschrieben hat, keinem vernünftigen Menschen wird es einfallen, Tintenflecken mit Tinte, Ölflecken mit Öl, wegwaschen zu wollen. Nur Blut, das soll immer wieder mit Blut ausgewaschen werden.

Nein liebe Freundinnen und Freunde, das wollen wir nicht. Lasst uns das Blutvergießen stoppen. Wir stehen auf für Frieden und gegen den Krieg. Wir sind da und wir werden nicht mehr verschwinden. Lasst uns heute den Startschuss für eine neue starke Friedensbewegung in Deutschland geben. Ganz herzlichen Dank.

5. Kapitel: Alice Schwarzer spricht die Sprache der Friedensaktivisten

Der Name Alice Schwarzer dürfte jedem bekannt sein. Zusammen mit Sahra Wagenknecht hat sie die aktuelle deutsche Friedensbewegung ins Leben gerufen und zusammen mit ihr das *Manifest für Frieden* entworfen.

Es handelt sich hierbei um eine Online-Petition seit dem Februar 2023, die bereits einen Monat später von 750.000 Menschen in Deutschland unterschrieben wurde. Das ist eine sehr beachtliche Anzahl und unterstreicht, wie hoch der Wille der Deutschen auf einen Frieden in der Ukraine ist. Die Friedensbewegung legt damit einen deutlichen Beweis ab, dass es einen Unterschied gibt zwischen der öffentlich-politisch-medial verbreiteten Meinung und der *tatsächlichen* Meinung in der Bevölkerung.

Inhaltlich fordert die Bewegung Verhandlungen zu starten, um den Tod weiterer hunderttausender Menschen oder sogar einen Atomkrieg zu verhindern. Die Bundesregierung wird darin aufgefordert, eine Eskalation der Waffenlieferungen zu stoppen und sich für Friedensverhandlungen einzusetzen. Alles andere würde die Menschheit jeden Tag näher zum Dritten Weltkrieg bringen, so die Friedensaktivisten. Wir wollen uns im Folgenden näher anschauen, was Alice Schwarzer am 25. Februar auf der Demonstration dazu ausgeführt hat:

„Es ist ein reines Vergnügen eure Fahnen zu sehen, die ganze Stimmung hier, also wenn wir das so weitermachen, dann kriegen wir wieder ein bisschen Menschlichkeit in die Politik. Ich habe in den vergangenen Monaten sehr viel über Panzer gelernt, und zwar von Redakteuren, die in der Regel Panzer nur aus Computerspielen kennen, die beschreiben fasziniert die Funktion, ja sogar das Design von Panzern. Das kennen sie auch nur aus dem Computerspiel. Nur eines hat mir bisher gefehlt bei diesen Berichten: die Menschen, genauer gesagt die Leichen. Denn Panzer sind Tötungsinstrumente. Tödlich für alle, tödlich für die, welche drinsitzen, wenn sie angegriffen werden, dann verbrennen sie, und tödlich für die, die in Schussweite geraten. Wofür also riskieren diese Menschen ihr Leben? Letztendlich geht es ja in jedem Krieg, egal welche Seite, um Interessen und Macht, um Geopolitik. Für die Menschen aber liebe Freundinnen und Freunde, für die Menschen geht es um ihr Leben. Darum sind wir hier.

Weil für uns Krieg keine Computerspiele sind,

sondern eine sehr ernste tödliche Sache. Deshalb war es durchaus richtig, den von Russland brutal überfallenen Ukrainern mit Waffen zur Seite zu stehen. Zunächst um sich zu verteidigen, und genau deshalb ist es heute richtig nach einem Jahr Tod und Verwüstung, nachdem Ziel dieses Krieges zu fragen und nach seiner Verhältnismäßigkeit. Ist das Ziel der Rückzug der Russen aus den seit dem 24. Februar 2022 besetzten Gebieten? Das wäre legitim und durchaus in Verhandlungen von beiden Seiten und mit Kompromissen zu erreichen.

Oder ist das Ziel, nicht nur die Schwächung, sondern die Vernichtung von Russland? Das wäre weder legitim noch realistisch. Man kann die große Atommacht nicht besiegen. Sollte man das ernsthaft versuchen, könnte es das Ende unserer Welt bedeuten. Wir befinden uns jetzt in einem sogenannten Abnutzungskrieg. Man stelle sich nur mal das Wort vor: Es sollte eigentlich das Unwort des Jahres werden, *Abnutzungskrieg*. Wer wird hier abgenutzt? Die Waffen werden abgenutzt. Das ist natürlich zur großen Freude der Waffenindustrie, die nachliefern wird, aber es werden die Menschen abgenutzt! In diesem Krieg kann der Gegner nicht besiegt werden, sondern nur geschwächt, darum heißt es Abnutzungskrieg.

Die psychologische Vergiftung des gesellschaftlichen Klimas, das Führen eines Gut- und Böse-

Denkens, als gäbe es nur die Guten und nur die Bösen. Dieses Denken dämonisiert die Gegner und entmenschlicht sie. Darum redet Russland heute nur von Nazis in der Ukraine und die Ukraine von Teufeln. Menschen bringen nicht Menschen um, sondern nur Unmenschen. Da fängt es an. Der logische zweite Schritt ist die Akzeptanz des Krieges. Wie kann es sein, wie können wir in diese Barbarei zurückfallen von Stellungskämpfen? Das habe ich das letzte Mal von meinem Großvater in den 50er Jahren gehört, der im Ersten Weltkrieg in das Massaker von Verdun geraten war, wo französische und deutsche Soldaten am 24. September herauskamen aus Löchern, geweint haben, sich umarmt haben und am 25. haben sie sich wieder erschlagen, erwürgt, erstochen und erschossen. Dass meine Lieben ist die wahre Zeitenwende.

Das Wort Pazifist ist zu einem Schimpfwort geworden, und zwar von links. Man stelle sich das mal vor. In der Ukraine führen die beiden Weltmächte Russland und Amerika einen Stellvertreterkrieg, das weiß inzwischen doch glaube ich jeder. Aber vor ein paar Monaten bin ich von einem Herrn Hofreiter noch verlacht worden, als ich das im Fernsehen sagte und er hat mich einen Paranoiker genannt. Das wird ja nicht zugegeben, dass es sich hier um einen Stellvertreterkrieg handelt. Die beiden Weltmächte Russland und Amerika krachen auf dem Terrain der Ukraine zusammen und wer bezahlt den Preis? Die Ukrainer! Sie sterben jeden Tag zu Hunderten und ihr Land wird verwüstet zurückbleiben und ich muss ihnen sagen: Ich finde es wirklich verbrecherisch der Ukraine einzureden, sie könne Russland besiegen. Die Ukraine konnte und kann natürlich in einzelnen Schlachten siegen, aber nicht darüber hinaus. Sie kann nicht Russland in die Knie zwingen.

Aber was tut die deutsche Außenministerin, die ja von Beruf Diplomat, und zwar der erste Diplomat des Landes ist, was aber tut diese Außenministerin? Sie führt in dieser brandgefährlichen Situation anscheinend noch nicht einmal Gespräche mit Russland. Also man kann nur hoffen, dass sie das heimlich und hinter verschlossener Türe tut, aber es sieht nicht so aus, denn mit Russland reden, ist ja die einzige Möglichkeit diesen Krieg zu beenden nach einem Jahr.

Aber die Außenministerin sagt, mit so einem Verbrecher wie Putin dürfe man nicht verhandeln und sie hat sogar von einem Krieg gegen Russland geredet, das hat sie inzwischen nicht so gemeint, aber das ist schon erstaunlich, wenn eine Außenministerin Dinge sagt, die sie gar nicht so meint. Und ich frage sie: Wo soll das enden? Sie sind doch Feministin, diesen Satz habe ich manchmal zu hören bekommen, in der letzten Zeit. Warum kümmern sie sich dann jetzt um den Krieg? […]

Wer nicht begeistert mitmarschiert, ist ein Weichei. Das hat man ja auch mal von Scholz gesagt. Ich kann nur hoffen, dass man das weiterhin zurecht von ihm sagt, also wer nicht mitmarschiert ist weibisch. Die Gewalt war und ist für unabhängige Frauenrechtlerinnen der Krieg. Ich bin stolz darauf in einer feministischen Tradition zu stehen für die Kriege immer schon ein Verbrechen waren. Bertha von Suttner, die Initiatorin des Nobelpreises für den Frieden war nicht zufällig eine aktive Frauenrechtlerin. Und einige Stimmen, die sich 1940 in der Kriegseuphorie, in der das ganze Land versunken war, gegen den Krieg gestellt haben, waren fast ausschließlich, man soll es nicht glauben, Feministinnen.

Man sollte ihnen vielleicht öfter zuhören. Den Abnutzungskrieg, den ich eben schon erwähnte, kann niemand gewinnen. Und das wissen auch alle. Irgendwann im November letzten Jahres sprach der eben schon erwähnte oberste Militär von einer Pattsituation und er forderte dringend Verhandlungen. Ein abnutzungskrieg würde bedeuten, jahrelanges weiteres Elend, Sterben und Zerstörung.

Es ist nicht zu fassen, warum nicht jetzt Verhandlungen geführt werden. Jeder weiß, dass nur Verhandlungen diesen Krieg zu Ende bringen werden. Nun reden die ganz Schlauen davon, dass wird wohl ein Abnutzungskrieg von etwa drei Jahren werden. Schon im ersten Jahr eine Viertel-Million Tote, vergewaltigte Frauen, traumatisierte Kinder, eine schwere Erschütterung Europas, eine ökonomische Krise, ganz zu schweigen von der Lage des globalen Südens. 90% unserer Weltbevölkerung lebt im globalen Süden. Und denen geht es jetzt noch schlechter als vorher. Die Hungerkrisen steigen wegen dieses Krieges und bei diesen 90% der Menschheit ist eine überwältigende Mehrheit gegen diesen Krieg und sehr viele sind auch auf der Seite Russlands.

Das ist die andere Seite des Globus. Warum also hören die Militärs des Westens nicht auf? Und was tun die Politiker? Sie machen einfach weiter. Die Politiker scheinen das nicht begreifen zu wollen. Es ist ehrlich gesagt für mich logisch nicht mehr nachvollziehbar, aber die Menschen wissen es besser. Das sehen wir an euch die ihr hier steht, vor allem auch die älteren, die noch den Krieg erlebt haben oder die Erzählung vom Krieg kennen. Laut einer aktuellen Forsa-Umfrage sind 56% aller Deutschen gegen weitere Waffenlieferungen und in Ostdeutschland, dass hier heute gut vertreten ist, denn wir befinden uns ja im östlichen Teil Deutschlands, in Ostdeutschland sind 71% gegen weitere Waffenlieferungen. Und unsere Kritiker spotten uns als Pazifisten. Wir hätten ja nur Angst, wir wären Feiglinge.

In der Tat: Wir, die wir hier heute stehen, wollen keinen Heldentod sterben und auch nicht den Atomtod. Aber an diesem Atomtod waren wir nach Hiroshima noch nie so nah dran wie heute. Wer also in der Situation keine Angst hat, der ist ein Dummkopf.

Doch wir lassen uns nicht einschüchtern, auch nicht von diesem wirklich lächerlichen Gerede von der mangelnden Distanz zur extremen Rechten. Wie absurd ist das denn, Frauen wie Sahra und mich aufzufordern, wir sollen uns von Rechts distanzieren. Unser ganzes Leben, unser ganzes Engagement ist Links. Wir sind für soziale Gerechtigkeit, wir sind gegen Gewalt, wir sind gegen Krieg, das nannte man früher Links. Ja jetzt weiß ich gar nicht mehr, viele von denen die sich heute Links nennen, ob da nicht schon die Rechte anfängt. Also ich finde es wird sehr schwierig zu definieren, was Links und Rechts ist und ich schlage vor, dass wir uns einfach gegenseitig an unseren Taten messen und nicht an längst ausgehöhlten Etiketten.

Und wir stehen jetzt hier, weil wir nicht tatenlos zusehen wollen, wie jeden Tag hunderte Menschen geopfert werden. Wir stehen hier, weil wir nicht tatenlos zusehen wollen, wie die Gefahr eines Atomkrieges leichtfertig immer näherkommt. Wir stehen hier, weil das Sterben ein Ende nehmen muss und wir danken den über 600.000 Menschen, die innerhalb von nur zwei Wochen das Manifest für Frieden unterzeichnet haben. Sowas hat dieses Land noch nicht gesehen und wenn noch nicht mal das die Politiker erreicht, dann haben wir einfach die falschen Politiker. Nicht das Volk ist falsch, sondern seine Vertreter. Ich hoffe übrigens, wir sind bald eine Million Unterzeichner. Das, was wir gerade heute hier erleben, ist der Beginn einer Bürgerbewegung, die bitter nötig ist.

Danke liebe Freundinnen und Freunde, es war furchtbar kalt, aber ich hoffe, wir haben euch erwärmt und mir zumindest hat es das Herz gewärmt, dass ihr alle hier wart, dass ihr so viele wart, dass ihr das Wetter und alles auf euch genommen habt, das ist wirklich toll [...] Einen Satz möchte ich auch noch sagen: Ihr wisst ja, es wird immer auch Zahlenpolitik gemacht. Also ich bin auch nicht jemand, der immer gerne sozusagen sich was vormacht und so tut, als sei man ganz viele, wenn man nicht viele ist, aber ehrlich gesagt, wenn hier teilweise verbreitet wird, es seien hier 5.000 Leute gewesen oder 10.000 - also sorry. Ich kenne Kundgebungen mit 5.000 Leuten, auch mit 10.000. Nein. Wir sind hier viel, viel mehr.

Unsere Ordner sagen: Wir sind 50.000 und ich denke, so viele sind wir auch. Und deswegen, das tragen wir von heute wirklich auch nach draußen, das ist eine riesengroße Friedenskundgebung gewesen und es wird auch nicht die letzte sein, sondern es ist der Anfang. Und wir werden noch mehr werden, deswegen vielen Dank fürs Kommen und beim nächsten Mal sind wir alle wieder dabei und bringen noch einen mit. Herzliches Dankeschön!“

6. Kapitel: Das Manifest für Frieden vom 10.02.2023

Das Manifest für den Frieden wurde von Alice Schwarzer und Sahra Wagenknecht am 10.2.2023 auf der Online-Plattform change.org ins Leben gerufen. Zum Tag der Drucklegung dieses Buches haben bereits über 762.000 Menschen die Petition unterschrieben. Bei Überschreitung der Eine-Million-Grenze liegt damit eine der meistgezeichneten Petition auf change.org vor, was für sich genommen schon einen Meilenstein darstellt. Im Minutentakt kann man hier live mitverfolgen, sobald sich neue Unterzeichner gefunden haben, die dort namentlich erscheinen.

Es steht völlig außer Frage, dass eine solche Menschenmasse eine politische Meinung in der Bundesrepublik Deutschland darstellt, die auch durch die Bundesregierung nicht mehr sang und klanglos übersehen werden kann. Folgt die Bundesregierung dem vorgegebenen Narrativ, dass nur und ausschließlich Waffenlieferungen Frieden schaffen können, so stellt diese Friedensbewegung das Ganze in Frage. *Frieden schaffen ohne Waffen* ist immer noch deren Motto.

Umgekehrt wird aber auch so argumentiert, dass mehr Waffen niemals mehr Frieden bringen können, sondern immer sichtbar in mehr Krieg und Zerstörung münden, was an sich logisch nachvollziehbar ist. Die Friedensbewegung fordert auch nicht etwa eine bedingungslose Kapitulation, sondern vielmehr ein rechtzeitiges Innehalten und Vorschlagen von Kompromisslösungen durch beide Seiten, bevor sich das Szenario weiter aufwiegelt und bald schon unkontrollierbar wird und im schlimmsten Fall auf andere Länder übergreift. Spätestens dann wäre das Ganze komplett außer Kontrolle geraten und nicht mehr rückholbar. Zu diesem späteren Zeitpunkt würden dann selbst Waffenstillstands- und Friedensverhandlungen keinen Sinn mehr ergeben, weil dafür die Zeit abgelaufen wäre.

Was wollen wir unseren Kindern später einmal erzählen, wenn wir gefragt werden, wie es zu einer solchen Katastrophe kommen konnte? Was sagen wir ihnen, wo wir waren und wie wir uns verhalten haben? Schauen wir uns die Petition im Einzelnen an, die hier im exakten Wortlaut wiedergegeben wird. Zu finden ist sie auf der Online-Plattform change.org:

„Heute ist der 352. Kriegstag in der Ukraine (10.2.2023). Über 200.000 Soldaten und 50.000 Zivilisten wurden bisher getötet. Frauen wurden vergewaltigt, Kinder verängstigt, ein ganzes Volk traumatisiert. Wenn die Kämpfe so weitergehen, ist die Ukraine bald ein entvölkertes, zerstörtes Land. Und auch viele Menschen in ganz Europa haben Angst vor einer Ausweitung des Krieges. Sie fürchten um ihre und die Zukunft ihrer Kinder.

Die von Russland brutal überfallene ukrainische Bevölkerung braucht unsere Solidarität. Aber was wäre jetzt solidarisch? Wie lange noch soll auf dem Schlachtfeld Ukraine gekämpft und gestorben werden? Und was ist jetzt, ein Jahr danach, eigentlich das Ziel dieses Krieges? Die deutsche Außenministerin sprach jüngst davon, dass „wir" einen „Krieg gegen Russland" führen. Im Ernst?

Präsident Selenskyj macht aus seinem Ziel kein Geheimnis. Nach den zugesagten Panzern fordert er jetzt auch Kampfjets, Langstreckenraketen und Kriegsschiffe – um Russland auf ganzer Linie zu besiegen? Noch versichert der deutsche Kanzler, er wolle weder Kampfjets noch „Bodentruppen" senden. Doch wie viele „rote Linien" wurden in den letzten Monaten schon überschritten?

Es ist zu befürchten, dass Putin spätestens bei einem Angriff auf die Krim zu einem maximalen Gegenschlag ausholt. Geraten wir dann unaufhaltsam auf eine Rutschbahn Richtung Weltkrieg und Atomkrieg? Es wäre nicht der erste große Krieg, der so begonnen hat. Aber es wäre vielleicht der letzte.

Die Ukraine kann zwar – unterstützt durch den Westen – einzelne Schlachten gewinnen. Aber sie kann gegen die größte Atommacht der Welt keinen Krieg gewinnen. Das sagt auch der höchste Militär der USA, General Milley. Er spricht von einer Pattsituation, in der keine Seite militärisch siegen und der Krieg nur am Verhandlungstisch beendet werden kann. Warum dann nicht jetzt? Sofort!

Verhandeln heißt nicht kapitulieren. Verhandeln heißt, Kompromisse machen, auf beiden Seiten. Mit dem Ziel, weitere Hunderttausende Tote und Schlimmeres zu verhindern. Das meinen auch wir, meint auch die Hälfte der deutschen Bevölkerung. Es ist Zeit, uns zuzuhören!

Wir Bürgerinnen und Bürger Deutschlands können nicht direkt auf Amerika und Russland oder auf unsere europäischen Nachbarn einwirken. Doch wir können und müssen unsere Regierung und den Kanzler in die Pflicht nehmen und ihn an seinen Schwur erinnern: „Schaden vom deutschen Volk abzuwenden".

Wir fordern den Bundeskanzler auf, die Eskalation der Waffenlieferungen zu stoppen. Jetzt! Er sollte sich auf deutscher, wie europäischer Ebene an die Spitze einer starken Allianz für einen Waffenstillstand und für Friedensverhandlungen setzen. Jetzt! Denn jeder verlorene Tag kostet bis zu 1.000 weitere Menschenleben – und bringt uns einem 3. Weltkrieg näher. - Alice Schwarzer und Sahra Wagenknecht“

An der Seite der beiden Frauen haben 69 weitere Erstunterzeichner die Petition unterschrieben. Es handelt sich hierbei nicht um irgendwelche *Friedensschwurbler*, sondern um gestandene Persönlichkeiten des öffentlichen Lebens, die eine eigene Meinung unabhängig vom Mainstream haben. Im Folgenden nun der Blick auf diesen Personenkreis und seine Professionen.

„Die 69 Erstunterzeichnerinnen:

Dr. Franz Alt Journalist und Bigi Alt • Christian Baron Schriftsteller • Franziska Becker Cartoonistin • Dr. Thilo Bode Foodwatch-Gründer • Prof. Dr. Peter Brandt Historiker • Rainer Braun Internationales Friedensbüro (IPB) • Andrea Breth -Regisseurin • Dr. Ulrich Brinkmann Soziologe • Prof. Dr. Christoph Butterwegge Armutsforscher • Dr. Angelika Claußen IPPNW Vize-Präsidentin Europa • Daniela Dahn Publizistin • Rudolf Dressler Ex-Staatssekretär (SPD) • Anna Dünnebier Autorin •- Eugen Drewermann Theologe • Petra Erler Geschäftsführerin (SPD) • Valie Export Künstlerin • Bettina Flitner -Fotografin und Autorin • Justus Frantz Dirigent und Pianist • Holger Friedrich Verleger -Berliner -Zeitung • Katharina Fritsch Künstlerin • Prof. Dr. Hajo Funke Politikwissenschaftler • Dr. Peter Gauweiler

Rechtsanwalt (CSU) • Jürgen Grässlin Dt. Friedensgesellschaft • -Wolfgang Grupp Unternehmer • Prof. Dr. Ulrike Guérot Politikwissenschaftlerin • -Gottfried -Helnwein Künstler • Hannelore Hippe Schriftstellerin • Henry Hübchen Schauspieler • -Wolfgang -Hummel Jurist • Otto Jäckel Vorstand IALANA • Dr. Dirk Jörke Politikwissenschaftler • Dr. -Margot Käßmann Theologin • Corinna Kirchhoff Schauspielerin • Uwe Kockisch Schauspieler • Prof. Dr. Matthias Kreck Mathematiker • Oskar Lafontaine Ex-Minister-präsident • Markus Lüpertz Künstler • Detlef Malchow Kaufmann • Gisela Marx Journalistin • Prof. Dr. -Rainer Mausfeld -Psychologe • Roland May Theater-Regisseur • Maria Mesrian Theologin • Reinhard Mey Musiker und Hella Mey • Prof. Dr. Klaus Moegling -Politikwissenschaftler • Michael Müller Vorsitzender NaturFreunde • Franz Nadler Connection e. V. • Dr. -Christof -Ostheimer ver.di-Gewerkschafter • Dr. Tanja Paulitz Soziologin • Romani Rose Vors. Zentralrat Deutscher Sinti und Roma • Eugen Ruge Schriftsteller • Helke Sander -Filmemacherin • Michael von der Schulenburg -UN-Diplomat a.D. • Hanna Schygulla Schauspielerin • Martin Sonneborn Journalist (Die Partei) • Jutta Speidel Schauspielerin • Dr. Hans-C. von Sponeck Beigeordneter -UN-Generalsekretär a.D. • Prof. Dr. Wolfgang Streeck Soziologe und Politikwissenschaftler • Katharina Thalbach Schauspielerin • Dr. Jürgen

Todenhöfer Politiker • Prof. Gerhard Trabert Sozial-mediziner • Bernhard -Trautvetter Friedensratschlag • Dr. Erich Vad Brigade-general a.D. • -Günter Verheugen Ex-Vizepräsident EU-Kommission • Dr. Antje Vollmer Theologin (Die Grünen) • Peter Weibel Kunst- und -Medientheoretiker • Nathalie Weidenfeld Schriftstellerin • -Hans-Eckardt Wenzel -Liedermacher • Dr. Theodor Ziegler Religionspädagoge“

7. Kapitel: Hans-Peter Waldrich erhebt seine Stimme

Hans-Peter Waldrich (* 3. April 1944 in Freiburg im Breisgau) ist ein deutscher Pädagoge, Politikwissenschaftler und Wissenschaftspublizist. Er ist Autor, Journalist und Friedensaktivist. Auch er gehört zum engen Zirkel des *Manifest für Frieden* und den ersten Unterzeichnern. Was er in diesem Zusammenhang sagte, hatte es in sich:

„Liebe Freundinnen und Freunde des Friedens! Der letzte Staatspräsident der Sowjetunion Michael Gorbatschow hatte eine großartige Vision. Er nannte sie das gemeinsame Haus Europa. In dieses Haus ist eingebrochen worden, an den Fronten massakriert sich die ukrainische und die russische Jugend.

Im Hinterland wird zerstört, getötet und vergewaltigt. Das muss beendet werden. Jeder Tag, den der Krieg noch länger dauert, produziert Leichenberge. Aber es gibt ein sehr ernstes Problem: Das Haus, in dem nun die Einbrecher wüten, ist vollgestopft mit Atomwaffen vom Keller bis zum Dachgeschoss. Was würden Sie tun, wenn Sie in einem Haus wie Europa, das eher einem Pulverfass gleicht, einem überfallenen Land helfen wollen? Sicher würden sie vorsichtig sein. Sie würden kein offenes Feuer anzünden und auf einen unkontrollierten Schusswechsel verzichten. Sie wollen ja helfen und keine atomare Katastrophe anrichten. Aber wir haben doch die Abschreckung, höre ich rufen. Wegen der atomaren Abschreckung sind wir doch sicher. Und Putin, so sagen viele, der droht doch nur mit Atomwaffen, um uns zu erpressen. Welcher Angsthase wird denn auf einen solchen Blödsinn hereinfallen.

Wissen Sie, was die Story von der atomaren Abschreckung ist? Ein Ammenmärchen! Damit beruhigen sich Leute, die wenig von der Sache verstehen. Kein wirklicher Experte der atomaren Abschreckung hat jemals behauptet, dass diese Abschreckung sicher und für alle Zeit funktionieren wird. Im Gegenteil. Lassen Sie mich etwas Persönliches sagen. Schon vor vierzig Jahren war ich sehr aktiv in der damaligen Friedensbewegung engagiert. Die weltweite Friedensbewegung war damals mit die Ursache dafür, dass der Kalte Krieg zu Ende ging. Wir alten Friedensbewegten sind immer noch stolz darauf, dass wir daran mitgearbeitet haben. 1982 demonstrierten weltweit Millionen Menschen und vielleicht haben sie von der Menschenkette gehört, die 1983 zwischen Stuttgart und Neu-Ulm stattfand. Bei Neu-Ulm befand sich damals ein Atomwaffenstützpunkt. Stellen Sie sich vor, eine ununterbrochene Kette von Menschen, die sich alle an den Händen fasten, über fast einhundertzehn Kilometer. Teilweise stand die Kette in zwei Reihen, so viele Menschen machten mit.

Alle wollten nur eines: Die Gefahr der atomaren Bedrohung bannen. Endlich Schluss mit einem Leben am Rand des atomaren Todes. Damals wussten die Menschen noch, wie gefährlich Atombomben sind und dass sie jederzeit losgehen können. Heute wissen sie das nicht mehr. Mir kommen Politikerinnen und Politiker wie Traumtänzer vor. Mit verbundenen Augen tanzen sie auf einem Vulkan. Wie wahnsinnig muss man eigentlich sein, wenn man Bürgerinnen und Bürger, wenn man Europäerinnen und Europäer und nicht zuletzt die Ukrainer selbst auf diese Weise einem tödlichen und unverantwortbaren Risiko aussetzt?

Vor kurzem hat die Gesellschaft für Informatik in einem offenen Brief vor einem Atomkrieg aus Versehen gewarnt. In einer Krisensituation wie im Augenblick könnten sich die optik- und computergestützten Frühwarnsysteme selbstständig machen. Das ist auch ohne Krise schon mehrfach fast passiert. Die Frühwarnsysteme sollen einen atomaren Überraschungsangriff erkennen. Die Vorwarnzeiten sind aber unterdessen so kurz, dass sowohl die Rechner, wie auch die Menschen überfordert sind und dabei geht es um Minuten, manchmal um Sekunden. Vor allem auch die angeheizte Eskalation hält die Gesellschaft für Informatik für hochgefährlich. Ein Atomkrieg aus Versehen wird wahrscheinlicher durch Eskalation. Je länger sich der Krieg hinzieht und je mehr eskaliert wird, summieren sich die Möglichkeiten, dass ein Atomkrieg ausbricht, ohne dass es jemand will.

Das gegenseitige Misstrauen und der Dauerstress tragen dazu bei. Überhaupt ist eine Eskalation oder ist jede Eskalation eine Weltkriegs- und Naturkriegsgefahr. Artilleriewaffen, Schützenpanzer, Kampfpanzer, bald auch Kampfjets, Langstreckenraketen, Kriegsschiffe, U-Boote und so weiter und so weiter. Das ist zugleich ein Austesten, wann die rote Linie überschritten wird und sich der Krieg auf Europa und vielleicht die Welt ausweitet und niemand weiß, wo die rote Linie ist.

Die westliche Politik scheint es aber herausfinden zu wollen. Sie testet aus was passiert, wenn man die rote Linie überschreitet. Hat sich Frau Baerbock deshalb neulich begeistert die Atombunker angeschaut, die sich unter Helsinki befinden? Und deshalb bedauert, dass Deutschland nicht ebenso schöne Bunker hat? Auch das zeigt, wie ich meine, die Verantwortungslosigkeit der Politikerinnen und Politiker. Es kann ja sein, dass man einen Atomkrieg im Atombunker überleben kann. Aber wenn man daraus kriecht, kann man nicht weiterleben. Es geht nicht.

Mein Appell an alle politischen Ignoranten und Liebhaber von Atombunkern: Nehmt euch bitte die Zeit. Studiert die aktuellen wissenschaftlichen Studien zu den Folgen eines Atomkriegs. Auch sogenannte kleine Nuklearkriege werden zu einer Verfinsterung der Erdatmosphäre führen, die man nuklearen Winter nennt. Wer die Atombunker verlassen hat, der findet nichts mehr zu essen. Das Klima übrigens ist dann endgültig kaputt. Ärzte, die helfen könnten, sind auch keine da.

Ich will abschließen, indem ich die entscheidende Frage stelle: Wie können wir diesen Menschen dort helfen? Um diese Frage zu beantworten, müssen wir zunächst einmal wissen, was wirklich und absolut falsch ist. Falsch ist es auf jeden Fall, den Krieg mit Zielsetzungen fortzusetzen, die unklar verschwommen und unrealistisch sind. Falsch ist es unter solchen Voraussetzungen, Öl ins Feuer zu gießen, indem man zu einer mörderischen Eskalation beiträgt. Falsch ist es, das sinnlose Sterben zu verlängern, indem man jede Menge Tötungsgeräte und Mordwerkzeuge schickt. Falsch ist es aber vor allem, und darauf kommt es mir ganz besonders an, ein für die Ukrainerinnen und Ukrainer, für die Deutschen und Europäer, ja für die Menschen der ganzen Welt untragbares Risiko zu provozieren.

Weltkrieg wäre Völkermord, Atomkrieg wäre Völkermord. Auf keinen Fall darf die Hilfe, die wir den Ukrainerinnen und Ukrainern anbieten, ein schlimmeres Desaster anrichten, als dasjenige, das sowieso schon da ist. Eine Notoperation darf nicht den Patienten töten oder gar das Operationsteam und die Klinik in die Luft jagen. Und wenn so viel falsch ist, was wäre dann richtig? Das ist eigentlich gesunder Menschenverstand, wenn man sagt, zunächst soll man mit dem Töten aufhören. Das heißt also, wir brauchen einen Waffenstillstand, anschließend oder gleichzeitig brauchen wir Friedensverhandlungen. Warum denn sollte es so ganz unmöglich sein, dass eine großangelegte internationale Friedensinitiative zu einem Erfolg führt? Und zwar jetzt!

Auch wenn niemand prophezeien kann, was bei solchen Verhandlungen herauskommt, besser als ein Weltkrieg oder eine atomare Katastrophe wird es mit Sicherheit sein. Wir brauchen endlich den Mut, es mit dem Frieden zu versuchen. Für das Leben, für die Schonung dieses Planeten, für ein gemeinsames Haus Europa. Endlich Frieden schaffen!“

8. Kapitel: Das Künstlerprojekt Sound of Peace

Schon vor einigen Monaten haben sich international tätige Künstler in einem gemeinsamen Projekt namens Sound of Peace (sound-of-peace.com) zusammengeschlossen und rufen für Frieden, Freiheit und Demokratie insbesondere im Hinblick auf den Ukrainekrieg, ab auch weltweit auf. Hierzu tragen sie ihre Botschaft in Form von Musik in die Welt und laden zu Friedenskonzerten ein. Die Botschaft der Künstler hat es in sich und es lohnt sich diese Worte einmal wirken zu lassen:

„Ich weiß nicht, wie es euch geht

ich fühle mich ohnmächtig ich habe Angst

ich bin überfordert, ich fühle mich nicht gut

ich bin hilflos, ich will Frieden für uns

Frieden, das Gefühl von Sicherheit

die Freiheit mit der wir jeden Tag denken

reden

leben

uns bewegen

das ist unserer Realität hier

in Deutschland, dem Land in dem wir leben

aber so wie uns die Pandemie gelehrt hat

dass unsere Gesundheit unser gewohntes

Miteinander nicht selbstverständlich ist

so lehrt uns Krieg, dass Frieden

nicht selbstverständlich ist

weil Frieden zerbrechlich ist

und dass das immer schon so war, nicht erst seit gestern

nicht erst seit dem 24. Februar 2022

in der Ukraine und in vielen anderen Regionen der Welt

in Gedanken sind wir gerade bei all denen, die in den

vielen Krisen und Kriegsgebieten

unserer Welt gerade alles verlieren

ihre Existenz

ihre Träume, ihre Identität, ihr Zuhause

ihre Familie

ihre Freunde, ihre Zukunft

hier leben Menschen wie du und ich

Väter, Mütter, Söhne, Töchter, Brüder, Schwestern, Familien

Nachbarn, Bekannte, beste Freunde

ich spreche nicht als Menschenrechtsaktivistin

nicht als Veranstalter, nicht als Musikerin

nicht als Schauspielerin, sondern als Mensch

in dem Wunsch, dass wir zusammenstehen

zusammen aufstehen in Anteilnahme und

Solidarität

für die Demokratie, den Frieden die Freiheit

für Menschenrechte, für jede und jeden

wir stehen hier und fordern mit allem, was

wir haben: wir wollen Freiheit, wir wollen

Frieden

eine Bewegung für den Frieden, die wir

hier und heute gemeinsam mit euch

starten wollen. Wir schließen uns
zusammen, wir bündeln unsere Kräfte
Zusammensein
zusammen stark sein, zusammen Freude
empfinden, weil uns das stark macht
Freude im Austausch, Freude an der Musik
wir wollen Frieden“

9. Kapitel: Die Gegner der deutschen Friedensbewegung und ihre Waffenlieferungen im Detail

Wir wollen nun abschließend den Blick richten auf die Gegner der deutschen Friedensbewegung. An sich ist es in der Tat schon absurd, dass es sie tatsächlich zu geben scheint, also Gegner des Friedens. Aber es ist eine Tatsache. Denn wer nichts dafür unternimmt, dass Friedensverhandlungen beginnen, sondern nur Waffen liefert, der kann sich schlecht Pazifist nennen, auch wenn er oder sie das womöglich anders sieht. Krieg ist eben gerade NICHT Frieden. Was ihre Ansichten sind, kann man am besten erkennen an der Wahl ihrer Worte. Lassen wir sie zu Wort kommen und analysieren wir ihre Gedankengänge.

Da wäre zuvorderst unser Bundeskanzler Olaf Scholz zu nennen. In einer aktuellen Regierungserklärung zum Ukrainekrieg sagte er Folgendes:

„Mit über zwölf Milliarden Euro hat allein Deutschland der Ukraine und ihren Bürgerinnen und Bürgern im vergangenen Jahr zur Seite gestanden und diese große Unterstützung setzen wir auch in diesem Jahr fort. Wir helfen beim Wiederaufbau zerstörter Städte und Infrastruktur, stabilisieren den ukrainischen Staatshaushalt, greifen der Wirtschaft unter die Arme, leisten humanitäre Hilfe, **auch bei der Lieferung von Waffen und Munition liegen wir in Kontinentaleuropa weit vorne.**

Vom ersten Kriegstag an gilt dabei der Zusammenhalt innerhalb unseres Bündnisses und unsere Allianzen sind unser höchstes Gut. Diesen Zusammenhalt wahren und stärken wir, indem wir Entscheidungen zunächst vertraulich vorbereiten und dann erst kommunizieren, so wie Joe Biden und ich dies zum Beispiel mit Blick auf die jüngste Entscheidung getan haben, der Ukraine Kampfpanzer zu liefern.

[...] Was mehr schadet, sind markige innenpolitische Statements und Kritik an Partnern und Verbündeten auf offener Bühne. Deutschland wird sich daran nicht beteiligen, denn jede Dissonanz, jede Spekulation über mögliche Interessenunterschiede nutzt einzig und allein Putin und seiner Propaganda. Als Bundeskanzler trage ich die Verantwortung dafür Schaden vom deutschen Volk abzuwenden. Daraus folgen drei klare Prinzipien, die unser Handeln seit Kriegsbeginn bestimmen. Erstens: Wir lassen nicht zu, dass ein Land sich mit Gewalt Teile eines anderen Landes einverleibt und damit die Grundprinzipien unserer Friedensordnung in Europa in Frage stellt.

Deshalb unterstützen wir die Ukraine dabei, ihre Souveränität und ihre territoriale Integrität gegen Russlands Angriffskrieg zu verteidigen, so lange wie nötig.

Auch die Sanktionen gegen Russland werden wir als Europäische Union zum Jahrestag des Kriegsbeginns noch einmal verschärfen, als klares Signal an Putin, dass er keinen Erfolg hat mit seinen imperialistischen Plänen.

Zweitens: Wir treffen keine Entscheidungen, die die NATO zur Kriegspartei werden lassen. Nicht die NATO führt Krieg gegen Russland. Russland hat die Ukraine überfallen. Ein Großteil der Weltgemeinschaft hat das klar verurteilt. Deshalb ist es an Russland, diesen Krieg zu beenden. Je eher, desto besser für die Ukraine, für Russland und für die ganze Welt.

Putin wird seine Ziele nicht erreichen. Auf dem Schlachtfeld nicht und auch nicht durch einen Diktatfrieden, so viel jedenfalls steht fest nach einem Jahr Krieg.

Drittens: Alles, was wir tun, tun wir im Gleichklang mit unseren Partnern und Verbündeten. Das war bei allen wichtigen Entscheidungen so, die wir in den vergangenen zwölf Monaten getroffen haben. Und dabei bleibt es. Ob es um die Lieferung von Panzerhaubitzen oder Mehrfach-Raketenwerfern ging, um die Ausstattung der Ukraine mit Flugabwehrwaffen oder um unseren Entschluss, Schützenpanzer und schließlich Kampfpanzer zu liefern. Vor jedem dieser Schritte haben wir uns eng und vertraulich abgestimmt mit den USA, mit Frankreich, mit Großbritannien und mit anderen.

Wir haben Logistik und Nachschub von Anfang an organisiert. Wir sorgen für die Ausbildung der ukrainischen Soldaten hier in Deutschland koordiniert mit den Verbündeten und bei alledem behalten wir die Umsicht und die Nervenstärke, die es braucht, um abgewogen zu entscheiden über eine solche Situation. Darauf können die Bürgerinnen und Bürger unseres Landes fest Vertrauen und dafür stehe ich mit meinem Wort."

Schön, wie unser deutscher und manchmal etwas vergesslicher Bundeskanzler uns in Sicherheit wiegt, dass alles mit den Bündnispartnern abgesprochen und abgewogen wurde. Ich wäre mir nicht sicher, ob er sich in ein paar Jahren daran noch erinnern können wird, wenn er mal vor einem Untersuchungsausschuss danach gefragt werden sollte, was im Detail besprochen und vereinbart wurde. Wir sollten uns diese Zeitdokumente also gut aufheben.

Denn wie wir nun feststellen mussten, haben die USA offenbar einen Rückzieher gemacht und liefern ihre Abrams Kampfpanzer nun doch nicht wie abgemacht in der nötigen Eile, sondern lassen den Deutschen den vornehmen Vortritt. Ooops! Ist der Kanzler etwa aufs Glatteis geführt worden? Jedenfalls verschärft diese isolierte Haltung von Deutschland noch einmal den Fokus, den die russische Berichterstattung mittlerweile auf Deutschland geworfen hat.

Auch wenn der Bundeskanzler und andere wunderbar gebildete *Experten* davon reden, dass Deutschland ja keine offizielle Kriegspartei sei, so wird dabei ein Fakt vergessen: Wer oder was eine Kriegspartei ist, entscheiden nicht wir allein. Es kommt vor allen Dingen darauf an, was Russland hierzu denkt. Sollte Russland nämlich zu der Auffassung gelangen, dass wir aufgrund der horrenden Waffenlieferungen und sonstiger Unterstützungsleistungen Kriegspartei wären, so könnte das für die Russen reichen, unser Territorium als legitimes Angriffsziel zu definieren. Es ist schlicht vollkommen blauäugig anzunehmen, dass dann irgendwer von hier aus die Möglichkeit hätte, solch eine militärische Einschätzung zu unterbinden.

Schon gar nicht, weil wir ja durch Abgabe unseres eigenen Militärgerätes kaum oder gar nicht mehr in der Lage sind, das eigene Territorium zweckmäßig zu verteidigen. Oder bei einem möglichen Gegner so viel Furcht zu erzeugen, dass dieser von einem Angriff ablassen würde.

Auf der Internetseite der deutschen Bundesregierung (Bundesregierung.de) kann die exakte Liste aller bisher an die Ukraine von deutscher Seite gelieferten Waffen und Ausrüstungsgegenstände nachgelesen werden. Es handelt sich hierbei um die offizielle Liste. Ob es darüber hinaus inoffizielle Unterstützungsleistungen gibt in Form von Mensch oder Material, kann hier natürlich nicht nachvollzogen werden und bleibt im Bereich des Spekulativen.

Es wurden also bisher folgende militärische Unterstützungsleistungen geliefert (Stand: 15.03.2023):

„Deutschland unterstützt die Ukraine mit Ausrüstungs- und Waffenlieferungen – aus Beständen der Bundeswehr und durch Lieferungen der Industrie, die aus Mitteln der Ertüchtigungshilfe der Bundesregierung finanziert werden. Eine Übersicht.

Die Bundesregierung unterstützt das ukrainische Militär in enger Abstimmung mit ihren Partnern und Verbündeten. Diese Aufstellung gibt eine Übersicht über deutsche letale und nicht-letale militärische Unterstützungsleistungen für die Ukraine. Sie umfasst Lieferungen aus Beständen der Bundeswehr – und solche der deutschen Industrie, die aus Mitteln der sogenannten Ertüchtigungshilfe der Bundesregierung finanziert werden.

Die Mittel für die Ertüchtigungsinitiative belaufen sich auf insgesamt 2,2 Milliarden Euro für das Jahr

2023 (nach 2 Mrd. Euro in 2022). Die Mittel sollen vornehmlich der Unterstützung der Ukraine zugutekommen. Zugleich werden sie zur Finanzierung der gestiegenen deutschen Pflichtbeiträge an die Europäische Friedensfazilität (EPF) eingesetzt, aus deren Mitteln wiederum Kosten der EU-Mitgliedstaaten für Unterstützungsleistungen an die Ukraine erstattet werden können.

Gelieferte militärische Unterstützungsleistungen:

500 Pistolen SFP9*

2 Hangar-Zelte*

23.500 Schuss 155 mm Artilleriemunition (zuvor: 18.500)

155mm Präzisionsmunition*

Munition für Mehrfachraketenwerfer MARS II

8 Gabelstapler* (zuvor: 6)

295 Stromerzeuger (zuvor: 270)

34 mobile Antennenträgersysteme* (zuvor: 30)

34 Flakpanzer GEPARD inklusive ca. 6.000 Schuss Flakpanzermunition*

122 Grenzschutzfahrzeuge*

60 Drohnendetektionssensoren*

6 Brückenlegepanzer BIBER*

120.000 Erste-Hilfe Kits*

28 LKW Nutzfahrzeuge Zetros*

10 Wintertarnnetze

26 Wechselladesysteme 15t*

32 Bandbreitenerweiterungen für elektronische Drohnenabwehrgeräte*

10 Abrollplattformen

Flugkörper IRIS-T SLM*

3 mobile, ferngesteuerte und geschützte Minenräumgeräte*

40 Laserzielbeleuchter*

12 Sattelzugmaschinen und 4 Sattelauflieger*

145 Pick-up*

8 mobile und geschützte Minenräumgeräte*

168 Feldheizgeräte*

20 Raketenwerfer 70mm auf Pick-up-Trucks mit Raketen*

15 Bergepanzer 2*

12 Schwerlastsattelzüge M1070 Oshkosh*

7 ferngesteuerte Kettenfahrzeuge für Unterstützungsaufgaben*

35 LKW 8x8 mit Wechselladesystem

26 Aufklärungsdrohnen*

36 Krankenkraftwagen*

36.400 Wolldecken

12 Schwerlastsattelzüge*

55 Drohnenabwehrsensoren und -jammer*

60.000 Schuss Munition 40mm Granatwerfer*

50 Allschutz-Transport-Fahrzeuge Dingo

10 Überwasserdrohnen*

14.000 Schlafsäcke

Mi-24 Ersatzteile*

Ersatzteile schweres Maschinengewehr M2

30 MG3 für Bergepanzer

17 schwere und mittlere Brückensysteme*

5 Mehrfachraketenwerfer MARS II mit Munition

14 Panzerhaubitzen 2000 (gemeinsames Projekt mit den Niederlanden)

Luftverteidigungssystem Iris-T SLM*

200 Zelte

116.000 Kälteschutzjacken

80.000 Kälteschutzhosen

240.000 Wintermützen

405.000 Rationen Einpersonenpackungen (EPa)

67 Kühlschränke für Sanitätsmaterial*

Artillerieortungsradar COBRA*

4.000 Schuss Flakpanzerübungsmunition

54 M113 gepanzerte Truppentransporter mit Bewaffnung (Systeme aus Dänemark, Umrüstung durch Deutschland finanziert)*

53.000 Schuss Flakpanzermunition

3.000 Patronen „Panzerfaust 3" zuzüglich 900 Griffstücke

14.900 Panzerabwehrminen (davon 9300* aus Ertüchtigungsinitiative)

500 Fliegerabwehrraketen STINGER

2.700 Fliegerfäuste STRELA

22 Millionen Schuss Handwaffenmunition

50 Bunkerfäuste

100 Maschinengewehre MG3 mit 500 Ersatzrohren und Verschlüssen

100.000 Handgranaten

5.300 Sprengladungen

100.000 Meter Sprengschnur und 100.000 Sprengkapseln

350.000 Zünder

10 Antidrohnenkanonen*

100 Auto-Injektoren

28.000 Gefechtshelme

15 Paletten Bekleidung

280 Kraftfahrzeuge (Lkw, Kleinbusse, Geländewagen)

6 Paletten Material für Kampfmittelbeseitigung

125 Doppelfernrohre

1.200 Krankenhausbetten

18 Paletten Sanitätsmaterial, 60 OP-Leuchten

Schutzbekleidung, OP-Masken

600 Schießbrillen

1 Radiofrequenzsystem

3.000 Feldfernsprecher mit 5.000 Rollen Feldkabel und Trageausstattung

1 Feldlazarett (gemeinsames Projekt mit Estland)*

353 Nachtsichtbrillen*

12 elektronische Drohnenabwehrgeräte*

165 Ferngläser*

Sanitätsmaterial (unter anderem Rucksäcke, Verbandspäckchen)

38 Laserentfernungsmesser*

Kraftstoff Diesel und Benzin (laufende Lieferung)*

10 Tonnen AdBlue*

500 Stück Wundauflagen zur Blutstillung*

MiG-29 Ersatzteile*

30 sondergeschützte Fahrzeuge*

7.944 Panzerabwehrhandwaffen RGW 90 Matador*

6 Lkw Fahrzeugdekontaminationspunkt HEP 70 inklusive Material zur Dekontaminierung

10 Fahrzeuge HMMWV (8x Bodenradarträger, 2x Jammer/Drohnenträger)*

7 Störsender*

8 mobile Bodenradare und Wärmebildgeräte*

1 Hochfrequenzgerät inkl. Ausstattung*

Militärische Unterstützungsleistungen in Vorbereitung/Durchführung:

(Aus Sicherheitserwägungen sieht die Bundesregierung bis zur erfolgten Übergabe von weiteren Details insbesondere zu Modalitäten und Zeitpunkten der Lieferungen ab.)

6.350 Schuss Artilleriemunition 155 mm* (zuvor: 1.020)

Flugkörper für Iris-T SLM*

20 Brückenlegepanzer BIBER*

18 Kampfpanzer Leopard 2 A6 mit Munition (gemeinsames Projekt mit weiteren Leopard 2 Nutzerstaaten)

2 Bergepanzer 3

300.000 Schuss Gepard Munition*

2 Luftraumüberwachungsradare*

78 Sattelzugmaschinen und 86 Sattelauflieger*

40 Schützenpanzer MARDER mit Munition (aus Bundeswehr- und Industriebeständen*)

Luftverteidigungssystem PATRIOT mit Flugkörpern

16 mobile Antennenträgersysteme*

80.000 Erste-Hilfe Kits*

114 Aufklärungsdrohnen*

1 Schwerlastsattelzüge M1070 Oshkosh*

17 Feldheizgeräte*

18 Radhaubitzen RCH 155*

60 Drohnendetektionssensoren*

7 LKW 8x6 mit Wechselladesystem mit 18 Abrollplattformen*

3 Flakpanzer GEPARD*

7 ferngesteuerte Kettenfahrzeuge für Unterstützungsaufgaben*

6 mobile und geschützte Minenräumgeräte*

42 Minenräumpanzer*

5 mobile Aufklärungssysteme (auf Kfz)*

378 Grenzschutzfahrzeuge*

156.000 Schuss Munition 40mm Granatwerfer*

5 Pionierpanzer Dachs*

3 schwere und mittlere Brückensysteme*

16 Panzerhaubitzen Zuzana 2* (gemeinsames Projekt mit Dänemark und Norwegen)

78 Schwerlastsattelzüge*

3 Luftverteidigungssysteme IRIS-T SLM*

12 Frequenzscanner/Frequenzjammer*

Feldlazarett (Rolle 2)*

8 Bandbreitenerweiterungen für elektronische Drohnenabwehrgeräte*

2 Zugmaschinen und 4 Auflieger*

10 geschützte Kfz*

Fahrzeugdekontaminationspunkt

5.032 Panzerabwehrhandwaffen*

172 LKW Nutzfahrzeuge*

Der Gesamtwert der im Zeitraum vom 1. Januar 2022 bis zum 13. März 2023 von der Bundesregierung erteilten Einzelgenehmigungen für die Ausfuhr von Rüstungsgütern beträgt 2.666.973.715 Euro. Dieser Genehmigungswert beinhaltet die oben in der Liste aufgeführten Güter, soweit ihre Ausfuhr genehmigungspflichtig nach Außenwirtschaftsrecht ist. Das ist nicht bei allen oben genannten Gütern der Fall. Um die Abwicklung bestimmter Lieferungen zu beschleunigen, hat die Bundesregierung zudem Verfahrenserleichterungen zum Beispiel für Schutzgüter geschaffen. Auch diese Lieferungen sind im Genehmigungswert nicht enthalten. Die Wertangaben für gebrauchtes Material aus Bundeswehrbeständen beruhen zudem auf Zeitwerten, die bedeutend unterhalb der jeweiligen Neu- oder Wiederbeschaffungswerte liegen können. Im Genehmigungswert enthalten sind die Güter unabhängig davon, wie ihre Beschaffung und Lieferung finanziert wurden. Aus Sicherheitserwägungen sieht die Bundesregierung bis zur erfolgten Übergabe auch hier von der Nennung weiterer Details ab.“

10. Kapitel: Bewertung der neuen deutschen Kriegspolitik

Dieser enorme Umfang dürfte der Masse der deutschen Bevölkerung überhaupt nicht bewusst sein. Umso erstaunlicher, dass diese Details dann dennoch ganz offiziell im Internet nachlesbar sind. Wenigstens einmal wird hier transparent vorgegangen, so dass sich die Bürgerinnen und Bürger ein eigenes Bild machen können.

Ich jedenfalls halte den Umfang der bereits getätigten Lieferungen für einigermaßen erschreckend und wenn man sich überlegt, dass der Konflikt möglicherweise noch Jahre länger gehen kann, kann man sich ungefähr ausmalen, welche Summen an Material, Waffen und Munition am Ende zusammenkommen werden.

Wir dürfen nie vergessen, dass es sich bei diesen Dingen um Tötungsgegenstände handelt und es die Absicht ist, damit aktiv Menschen zu töten. Wie weiter oben bereits ausführlich dargestellt wurde, handelt es sich in aller Regel um junge oder sogar sehr junge Menschen, die hiermit unwiederbringlich aus dem Leben gerissen werden. Und ich frage mich vor diesem Hintergrund: Ist dies das Einzige, was eine deutsche Regierung zu leisten imstande ist? Können wir Deutsche nichts anderes, als Waffen und Munition liefern? Warum ist eine solche Bundesregierung, die im Auftrag ihrer Bevölkerung arbeitet, nicht in der Lage, Worte des Dialogs und der Kommunikation zu suchen und an außerkriegerischen Lösungsansätzen zu arbeiten?

Es wäre ihre verdammte Pflicht, und zwar aus Sicht der eigenen Bevölkerung, aber auch aller anderen Beteiligten. Dass dies bisher nicht getan wird, ist ein schweres Versäumnis. Peinlich ist allerdings, dass dies anscheinend kein eigener Entschluss ist, sondern aufgrund höherer Weisung unseres sogenannten „Verbündeten" USA zu geschehen scheint. Deutschland darf auf Geheiß der USA gar nicht als Vermittler auftreten. Das ist die unausgesprochene Wahrheit.

Außerdem ist es ein Riesenproblem, dass es sich hierbei um Rüstungsgüter handelt, die aus deutschen Steuermitteln finanziert wurden und für die deutsche Steuerzahler zur Kasse gebeten wurden. Dies aus einem einzigen Grund: für die deutsche Landesverteidigung. Nun wird der Bundeswehr, die selber von allem zu wenig hat, noch das Nötigste weggenommen, damit sie bald blank dasteht. Die deutschen Bürgerinnen und Bürger haben aber ebenfalls ein existenzielles Recht auf ihre Verteidigungsfähigkeit.

Wie bitte schön erklärt die Bundesregierung, wie diese Verteidigungsfähigkeit des eigenen Bundesterritoriums denn ab sofort und in Zukunft aufrechterhalten werden soll, wenn die Bundeswehr selber im Falle eines bewaffneten Konfliktes nur für sage und schreibe zwei (!) Tage an Munition verfügt? Wie soll das zu bewerkstelligen sein?

Hier liegt also meiner Einschätzung nach ein mehrfaches Versagen vor, das im Moment noch nicht deutlich sichtbar ist, aber wenn es darauf ankommen würde, zu einem Fiasko führen könnte.

SCHLUSS

Wir wollen Frieden! Jetzt!

Kriege haben es an sich, dass alle Beteiligten spätestens nach einem Jahr den Überblick verloren haben über die Gesamtlage und sich in einer Art Tunnelblick befinden, der ist nicht mehr möglich werden lässt, nach Alternativen und Auswegen aus dem täglichen Töten und vernichten zu finden.

Keiner der Beteiligten auf der politischen oder militärischen Führungsebene möchte sich die Blöße geben, als Verlierer aus der Sache herauszugehen. So wird immer mehr auf eine Karte gesetzt, ähnlich wie im Casino, wo sich die Einsätze fast meterhoch stapeln, und ein hohes Risiko eingegangen wird, anstatt rechtzeitig das „Spiel" zu verlassen. Ein Vabanquespiel also. Da muss es nicht wundern, wenn am Ende alles verloren geht.

Krieg ist gemäß Definition immer das letzte Mittel der Politik. Hat der Krieg aber erst einmal begonnen, vergessen die Beteiligten diesen Fakt nur allzu oft.

Denn es wird auch ein Leben nach dem Krieg geben müssen und wir können nicht alles Porzellan zerschlagen, denn danach müssen wir ja auch irgendwie weitermachen.

Im Moment läuft es weder für die eine noch für die andere Seite so wie gewünscht. Im Moment ist nicht absehbar, dass sich das Lagebild bald ändern würde. Die täglich vermeldeten Todeszahlen steigen jedoch in schockierende Höhen und wir nähern uns einem Szenario, das dem Roman *Im Westen nichts Neues* sehr ähnelt.

Jeder Soldat und jede Soldatin, die jetzt in diesen Tagen an die unmittelbare Front geschickt werden, wissen ganz genau, wie es um ihre Chancen steht. Und wenn sie es nicht wissen, dann werden sie es unmittelbar nach Eintreffen erfahren. Wenn Tonnen von Artilleriemunition über ihren Köpfen niederprasseln, wenn sie von Killerdrohnen angegriffen werden, wenn sie in blutige Graben und Häuserkämpfe verwickelt werden, aus denen es fast kein Entrinnen geben kann.

Wenn der Krieg aber seit Monaten zum Stillstand gekommen ist durch Einfrieren der Front, dann sind alle Beteiligten dazu aufgefordert, alternative Lösungswege zu finden, anstatt blind vor Wut immer wieder gegeneinander loszurennen. Alle Beteiligten sollten sich ein Vorbild nehmen an einem guten

Schachspieler, der seine Züge sorgsam plant und rechtzeitig erkennt, wenn sein Handeln in eine Sackgasse zu geraten droht. Insbesondere die strategische Planungsebene wäre dazu aufgefordert.

Einzig möglich scheint ein Pyrrhussieg. Aber was würde es bedeuten, wenn ein Sieg am Ende gleichzusetzen ist mit einer totalen Zerstörung und Dezimierung eines Landes und seiner Bewohner? Schlimmer aber wäre es sogar, wenn der Krieg sich ausweitet zu einem Dritten Weltkrieg, Nato gegen Russland oder sogar unter Einbeziehung von China und unter Einsatz von Atomwaffen. Dann könnte dies im Extremfall den Untergang unserer gesamten Zivilisation bedeuten, und zwar weltweit.

Alle Politikerinnen und Politiker sind deshalb aufgefordert, sofort innezuhalten und wieder wie kluge Schachspieler nun gemeinsam nach alternativen Strategien zu suchen, die diese schlimmsten anzunehmenden Szenarien vermeiden helfen. Ansonsten werden wir alle blindlings in eine riesige Katastrophe rennen, aus der es kein Entkommen geben wird.

Schon kleinen Kindern sagt man, sie sollten nicht mit dem Feuer spielen. Auch das in Kinderhänden entfachte Streichholz sieht am Anfang unscheinbar und harmlos aus, kann aber schon in wenigen Minuten ein ganzes Haus unwiderruflich in Brand setzen und zerstören. Ebenso verhält es sich anscheinend mit diesem Krieg in der Hand unserer *genialen* Politiker, der kurz davor ist, außer Kontrolle zu geraten.

Wer uns nun weismachen will, dass die einzige Möglichkeit für Frieden darin besteht, immer mehr Waffen zu liefern, dem sollte das Vertrauen entzogen werden. Wir sehen ja mittlerweile, wohin diese einsame Strategie geführt hat. Dabei hat man zeitgleich Monate verstreichen lassen, ohne Verhandlungen aufzunehmen. Man hat nicht einmal den Versuch unternommen.

Dabei ist mittlerweile sogar herausgekommen, dass die ehemals geführten Waffenstillstandsverhandlungen vor knapp einem Jahr kurz vor einem Durchbruch gestanden hatten, bis auf Intervention des Westens das ganze fallengelassen wurde. Im Nachhinein ein Skandal!

Kleinen Kindern bringt man bei, sich nach einem Streit wieder zusammenzuraufen und Lösungen zu finden. Aber es sind erwachsene Volksvertreterinnen und Volksvertreter, die ausschließlich auf einen militärischen Sieg setzen und keine Alternativen zulassen wollen. Angehörige der Friedensbewegung werden in diesen Tagen nicht selten als Rechtsextreme und Putin-Unterstützer bezeichnet. Das erinnert mich an den orwellschen Roman 1984: *Krieg ist Frieden! Freiheit ist Sklaverei! Unwissenheit ist Stärke!*

Letztendlich ist eine immer weiterwachsende Mehrheit der deutschen Bevölkerung gegen die einseitige massive Waffenlieferung unter Ausschluss von alternativen Verhandlungsmöglichkeiten. Die Mehrheit der Deutschen hat bereits erkannt, dass ein „*weiter so*“ zu immer mehr Toten führen wird und dass das keine Lösung sein kann. Jeder vernünftige Mensch kann das sofort erkennen.

Es ist nun an diesen mutigen Menschen durch Friedenskundgebungen und Verlautbarungen auf ihre Anliegen aufmerksam zu machen und so eine breite Gegenbewegung zum vorherrschenden Narrativ möglich werden zu lassen.

Der Erste Weltkrieg dauerte von 1914 bis 1918. Zu Beginn des Krieges hatte damals niemand vor Augen, zu welchem Leid der Erste Weltkrieg führen würde und das sogar noch ein zweiter Weltkrieg mit noch größeren Zerstörungen, Tod und Leid folgen würde. Remarque hat seinen Roman noch vor Ausbruch des Zweiten Weltkriegs veröffentlicht und auch die erste Verfilmung aus dem Jahre 1930 wäre noch so zeitgerecht gewesen, dass Menschen sich daran ein Beispiel hätten nehmen können, einen weiteren großen Krieg zu verhindern.

Wir Menschen des 21. Jahrhunderts wissen, was in der Zwischenzeit alles an schlimmen Dingen passiert ist. Wir müssen also davon ausgehen, dass die

Menschheit immer und immer wieder dieselben Fehler macht, und wir müssen uns die Frage stellen, ob wir das wirklich so haben wollen oder ob wir jetzt gemeinsam beginnen, es zu ändern.